Japanese for Busy People II

The Workbook

Japanese for Busy People II

The Workbook

For The Revised 4th Edition

Association for
Japanese-Language Teaching
AJALT

This icon (🔊) means that there is free audio available. To download these contents, search for "Japanese for Busy People" at kodansha.us.

The Association for Japanese-Language Teaching (AJALT) was recognized as a nonprofit organization by the Ministry of Education in 1977. It was established to meet the practical needs of people who are not necessarily specialists on Japan but who wish to communicate effectively in Japanese. In 1992 AJALT was awarded the Japan Foundation Special Prize. In 2010 it became a public interest incorporated association. AJALT maintains a website at www.ajalt.org.

Published by Kodansha USA Publishing, LLC, 451 Park Avenue South, New York, NY 10016

Distributed in the United Kingdom and continental Europe by Kodansha Europe Ltd.

First published in Japan in 1996 by Kodansha International
Fourth edition 2022 published by Kodansha USA Publishing

Printed in South Korea
25 24 23 22   5 4 3 2 1

ISBN: 978-1-56836-628-9

Editorial supervision by Kodansha Editorial, Ltd.
Editing and DTP by Guild, Inc.
Illustrations by Shinsaku Sumi and Haruyo Yamaguchi
Cover design by Masumi Akiyama

Audio narration by Fumiaki Kimura, Shogo Nakamura, Asahi Sasagawa, Yuji Suzuki, Ritsu Takaku, Ai Tanaka, and Hiroaki Tanaka
Audio recording and editing by the English Language Education Council, Inc.

Photo credits: ©Nestle Japan, 1. ©PRESS AND ARTS/a.collectionRF/amanaimages, 1. ©jessie/PIXTA, 1.

www.kodansha.us

CONTENTS

INTRODUCTION

Aims

This Workbook was revised in accordance with *Japanese for Busy People II, Revised 4th Edition* (JBP II). It is designed to meet the needs of students who have completed studying about 60 hours of the introductory level, and who aim to improve the four skills—listening, speaking, reading, and writing—in a well-balanced way. It can be used alongside JBP II or on its own, either in the classroom or for self-study. It is also recommended for learners who have completed the first half of a beginner's level but feel they are not yet proficient enough, as an enjoyable and efficient way to improve their Japanese language skills.

Features of the Workbook

This Workbook contains an abundance of exercises following the topics introduced in each lesson of JBP II, which include the following five types of practices and exercises.

1) PRACTICE

These exercises are designed to strengthen the basics and improve speaking skills. They range from basic exercises for checking vocabulary and conjugation to more applied exercises in a conversational style. Corresponding study topics are indicated so the target of the exercises is clear.

2) LISTENING CHALLENGE

In actual conversation, more important than speaking ability is listening ability—to be able to accurately understand what the other person is saying. Here, you can check your understanding by listening to the downloaded audio and answering the questions. Scripts and their English translations can also be downloaded.

3) READING CHALLENGE

This is an exercise to develop reading skills. Check how much you have understood by answering questions after reading short passages. English translations are available for download.

4) READING & WRITING

These are practices to improve your reading and writing skills. Practice reading passages longer than Reading Challenge and write your own email replies.

5) FURTHER PRACTICE

This is placed at the end of each unit and follows the format of Reading & Writing. These are fictional blog posts written by a Canadian named Naomi, who is staying a year in Japan, and includes much information about Japanese culture. You can read the blog and comments and practice writing your own comments as well.

How to Use the Workbook

Like JBP II, this Workbook is composed of 8 units and 24 lessons. Each lesson has several Practice items, and most lessons include a Listening Challenge and a Reading Challenge. Lesson 6 also has a Reading & Writing section. In addition, there are Further Practices for each unit.

Practices are marked with one or two corresponding study topics. If you are studying a lesson in the main text, after completing a study topic in the Textbook, you can work on one of the Practices. In contrast, Listening Challenge, Reading Challenge, and Reading & Writing often combine several study topics, so it is better to work on them after completing the study of the lesson in the main textbook.

Further Practice contains more advanced vocabulary and expressions based on the whole unit. You may work on Further Practice after completing studying the unit, or you may skip Further Practice and come back to it later.

Vocabulary

The vocabulary in this workbook are basically based on those used in *Japanese for Busy People I, Revised 4th Edition* and JBP II, so many of the words should already be familiar to you. Whenever a new word is introduced, it is listed in the gray Vocabulary column at the bottom of the page, along with an English translation. Regular 2 verbs are marked (R2).

Use of Kanji

This Workbook applies the same rules for kanji as in JBP II. The kanji shown in the chart below are designated as the "study kanji" for each lesson. Up to Lesson 6, the words shown in kanji are as follows: the single use of study kanji in words up to that lesson, and kanji compounds that consist of previously studied kanji. From Lesson 7 onward, in addition to the notation rules up to Lesson 6, proper nouns as well as idioms composed of the kanji of the lesson and the kanji up to Lesson 24 are also written in kanji. In selecting the kanji, priority was given to those that appeared in the Target Dialogue of each lesson of JBP II, but some do not appear in the corresponding lesson. This is to allow students to learn kanji related to the ones appearing in the lesson together with other kanji that are effective when studied together. All of the chosen kanji are the most basic ones in Japanese, and include all kanji that are considered equivalent to JLPT N5.

Note that the readings for all the kanji appear in small letters below them, making this book accessible for those who will not learn kanji at all.

Lesson	Study Kanji (Total: 172 characters)									
1	一	二	三	四	五	六	七	八	九	十
2	大	小	高	友	百	千	万	円		
3	行	来	食	飲	何	時	分			
4	日	月	火	水	木	金	土			
5	今	午	前	後	電	話	見			
6	青	上	下	右	左	週	年			
7	東	京	去	度	西	南	北			
8	父	母	人	子	男	女	山			
9	本	間	入	出	帰	会	社			
10	学	生	語	安	支	校	中			
11	聞	音	楽	手	川	毎	気			
12	天	雨	長	員	回	読	書			
13	休	事	私	買	先	半	思			
14	室	試	用	朝	昼	晩	車			
15	国	外	始	終	悪	張	合			
16	曜	料	理	教	習	言	口			
17	以	内	家	庭	作	方	場			
18	強	弱	少	肉	駅	開	閉			
19	売	当	末	春	夏	秋	冬			
20	動	白	黒	真	待	立	屋			
21	使	道	引	打	議	仕	英			
22	店	早	知	階	花	新	古			
23	止	側	専	着	目	多	名			
24	空	海	港	発	考	全	旅			

Acknowledgments for *Japanese for Busy People II : The Workbook Revised Edition* (1996)
Four AJALT teachers wrote this workbook. They were Akiko Kajikawa, Reiko Kondo, Izumi Sawa, and Junko Shinada. They were assisted by Mikiko Ochiai and advised by Haruko Matsui and Satoko Mizoguchi.

Acknowledgments for *Japanese for Busy People II : The Workbook for the Revised 3rd Edition* (2007)
Six AJALT teachers wrote this workbook. They were Rosa Maekawa, Tomoko Mitaki, Yoshiko Niino, Minako Saito, Junko Shinada, and Yuko Takagahara. They were supported by Yuko Harada, Makiko Nakano, Izumi Sawa, Naoko Takatori, and Shigeyo Tsutsui.
Some of the exercises in this workbook were created based on ones appearing in *Japanese for Busy People III The Workbook Revised Edition* (1999), created by Akiko Kajikawa, Izumi Sawa, and Yoriko Yoshida.

Acknowledgments for *Japanese for Busy People II : The Workbook for the Revised 4th Edition*
Ten AJALT teachers have written this workbook. They are Reiko Sawane, Hisako Aramaki, Misuzu Imuta, Eiko Ishida, Soko Onishi, Yuko Takami, Yuka Tanino, Yuko Hashimoto, Yumiko Matsuda, and Tomoko Waga. They were assisted by Emiko Arai and Hiroko Kikuzawa.

We would like to express our sincere thanks to Mio Urata of Kodansha Editorial and Makiko Ohashi of Guild Ltd., for their many advices and cooperation.

Audio, Script, Answers and Translations Download

The audio, script, answers, and translation can be downloaded to your smartphone, tablet, or PC, free of charge.

To download these contents, search for "Japanese for Busy People" at kodansha.us.

The audio files are in MP3 format and include Practice (partially) and Listening Challenge. The script is available for Listening Challenge. Answers or sample answers are available for Practice, Listening Challenge, and Reading Challenge. These answers and samples have been prepared in accordance with the content of the main text. English translations include Listening Challenge, Reading Challenge, and Reading & Writing.

THE WORKBOOK

LESSON 1 This Is the Most Popular One

PRACTICE ① ～たいんですが

Complete the dialogues following the pattern of the example and based on the information provided.

The chart below shows the information for each floor of an electronic appliance shop in Akihabara. Ask and answer what the customer wants to purchase or needs to buy or wants to do.

あきはばらカメラ				
3F	テレビ	せんたくき	ドライヤー	② そうじき
2F	① パソコン	ケーブル	プリンター	インク
1F	けいたい	ビデオカメラ	e.g. カメラ	③ サービスカウンター

e.g. カメラを　かいます

→きゃく　　　　：すみません。カメラを　かいたいんですが。

みせの　ひと：カメラは　１かいでございます。

① パソコンを　みます

→きゃく　　　　：すみません。＿＿＿＿＿＿＿＿。

みせの　ひと：パソコンは　＿＿＿＿でございます。

VOCABULARY

あきはばらカメラ	Akihabara Camera (fictitious shop name)	ドライヤー	hair dryer	インク	ink
せんたくき	washing machine	ケーブル	cable	サービスカウンター	service counter
		プリンター	printer	きゃく	customer

② そうじきの　パンフレットを　もらいます

→きゃく　　　：すみません。..。

みせの　ひと：そうじきは　..................でございます。

③ メンバーズカードを　つくります

→きゃく　　　：すみません。..。

みせの　ひと：サービスカウンターは　..................でございます。

PRACTICE ② ～が　いちばん　　～が　いいです

Make up dialogues following the pattern of the example and based on the information provided.

A and B are talking about the tour contents.

★4がつの　おすすめ！

コース	Aコース	Bコース	Cコース
ルート	スカイツリー～あさくさ	スカイツリー～あさくさ～ぎんざ～よよぎこうえん（さくら）～しぶや	スカイツリー～あさくさ～ぎんざ～あきはばら～うえの（さくら）
じかん	はんにち（9じ～12じ）	1にち（9じ～4じ）	1にち（9じ～5じ）
りょうきん（ひとり）	5,000えん	8,000えん	9,000えん
しょくじ	―――	てんぷら／おすし／しゃぶしゃぶ	てんぷら／おすし／しゃぶしゃぶ
デザート	―――	アイスクリーム／フルーツ／シャーベット	アイスクリーム／フルーツ／シャーベット

e.g. 1. A：どの　コースの　りょうきんが　いちばん　やすいですか。

B：Aコースの　りょうきんが　いちばん　やすいです。

e.g. 2. A：しょくじは　てんぷらと　おすしと　しゃぶしゃぶが　あります。

どれが　いいですか。

B：てんぷらが　いいです。

VOCABULARY

メンバーズカード	member's card	うえの	Ueno (district in Tokyo)
ルート	route	しょくじ	meal
よよぎこうえん	Yoyogi Park	しゃぶしゃぶ	shabushabu
フルーツ	fruit	シャーベット	sherbet

PRACTICE ③ ～が　いちばん

Answer the questions below based on the information given.

とうきょうえき～なりたくうこう		
こうつうきかん	じかん	りょうきん
なりたエクスプレス	やく 1 じかん	3,020 えん
リムジンバス	やく 70 ぷん	3,200 えん
タクシー	やく 80 ぷん	やく 28,000 えん

① なりたエクスプレスは　とうきょうえきから　なりたくうこうまで　どのくらい　かかりますか。

....

② なりたエクスプレスは　とうきょうえきから　なりたくうこうまで　いくらですか。

....

③ タクシーは　いくらですか。

....

④ こうつうきかんの　なかで　どれが　いちばん　たかいですか。

....

⑤ こうつうきかんの　なかで　どれが　いちばん　やすいですか。

....

⑥ こうつうきかんの　なかで　どれが　いちばん　はやいですか。

....

VOCABULARY

なりたくうこう　Narita Airport
こうつうきかん　means of transportation
なりたエクスプレス　Narita Express (limited express train running between Narita Airport and the metropolitan areas)
やく～　about . . . , approximately
リムジンバス　airport limousine

PRACTICE ④ 〜が　いいです

Choose the appropriate word from the box following the pattern of the example. The words can be used multiple times and some are not needed. Then complete the dialogues based on the information provided.

A and B are talking about plans for the summer vacation.

どこ　　どれ　　どちら　　どの

パリ	ハワイ	ホンコン
■ ひこうき はねだはつ⇒パリちゃく 13：45⇒18：45 なりたはつ⇒パリちゃく 11：20⇒16：10	■ オプショナルツアー ・ダイビング ・ショッピング ・ハイキング	■ ひこうき はねだはつ⇒ホンコンちゃく 8：30⇒12：30 24：40⇒4：40

e.g. パリ／ハワイ／ホンコン　→　パリ

A：わたしは　パリか　ハワイか　ホンコンに　いきたいです。Bさんは　<u>どこ</u>が　いいですか。

B：<u>パリ</u>が　いいです。

① はねだはつの　ひこうき／なりたはつの　ひこうき　→　はねだはつの　ひこうき

A：パリに　いきましょう。ひこうきは　はねだはつの　ひこうきと　なりたはつの　ひこうきが　あります。Bさんは　＿＿＿＿が　いいですか。

B：＿＿＿＿＿＿＿＿が　いいです。

② あさの　ひこうき／よるの　ひこうき　→　あさの　ひこうき

A：ホンコンに　いきましょう。ひこうきは　あさの　ひこうきと　よるの　ひこうきが　あります。Bさんは　＿＿＿＿が　いいですか。

B：＿＿＿＿＿＿＿＿が　いいです。

VOCABULARY

パリ	Paris	なりた	Narita	オプショナルツアー	optional tour
ハワイ	Hawaii	〜はつ	departing from . . .	ショッピング	shopping
はねだ	Haneda	〜ちゃく	arriving at . . .	ハイキング	hiking

③ ダイビング／ショッピング／ハイキング → ダイビング

Ａ：ハワイに　いきましょう。オプショナルツアーは　ダイビングと

ショッピングと　ハイキングが　あります。Ｂさんは　..........が

いいですか。

Ｂ：..........が　いいです。

LISTENING CHALLENGE

001-005

Listen to the audio and answer the questions.

1. Emma and Suzuki are talking during their lunch break.

① エマさんは　てんぷらが　すきですか。

....

② エマさんは　よく　てんぷらを　たべますか。

....

2. Smith is at an electric appliance store.

スミスさんは　なにを　かいますか。

....

3. Smith and Nakamura are in a café.

① なかむらさんは　なにを　のみますか。

....

② スミスさんは　なにを　のみますか。

....

4. Smith and Nakamura are talking at the office.

ふたりは　いつ　うちあわせを　しますか。

....

5. だれが　いちばん　たくさん　ケーキを　たべましたか。

....

LESSON 2 I Prefer that T-shirt

PRACTICE ① Adjectives

Give the antonym following the pattern of the example.

e.g. 大(おお)きい ⇔ 小(ちい)さい

① ひろい ⇔ ……………………

② べんり ⇔ ……………………

③ みじかい ⇔ ……………………

④ ほそい ⇔ ……………………

⑤ かたい ⇔ ……………………

⑥ ひくい ⇔ ……………………

⑦ かるい ⇔ ……………………

⑧ あつい (thick) ⇔ ……………………

PRACTICE ② もっと ～のは ありませんか

Make up sentences following the pattern of the example and based on the information provided.

A man is shopping. He cannot find something that suits him, so he asks the shopkeeper.

e.g.

①

heavy

②

thick

③

high

④

hard

⑤

thick

e.g. ちょっと 大(おお)きいです。 もっと 小(ちい)さいのは ありませんか。

PRACTICE ③　～と　～と　どちらが　～の　ほうが

Make up dialogues following the pattern of the example and based on the information provided.

A teacher and a pupil are talking at an elementary school.

e.g.

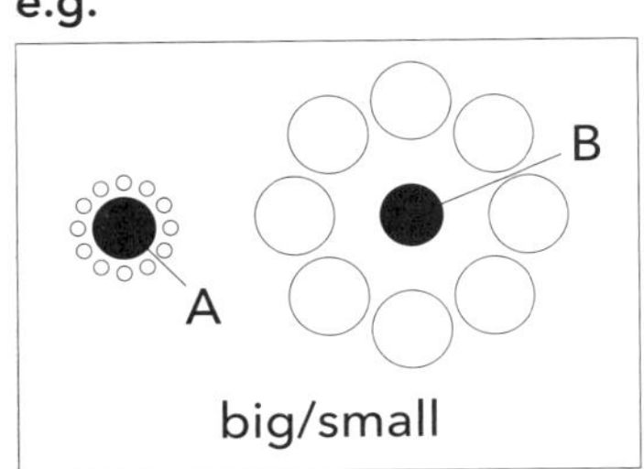

①

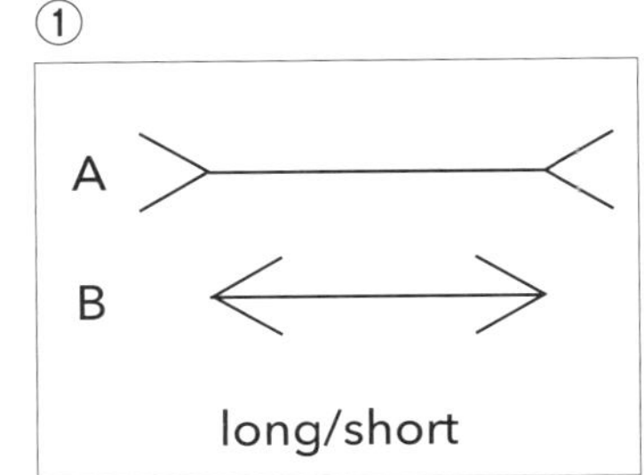

②

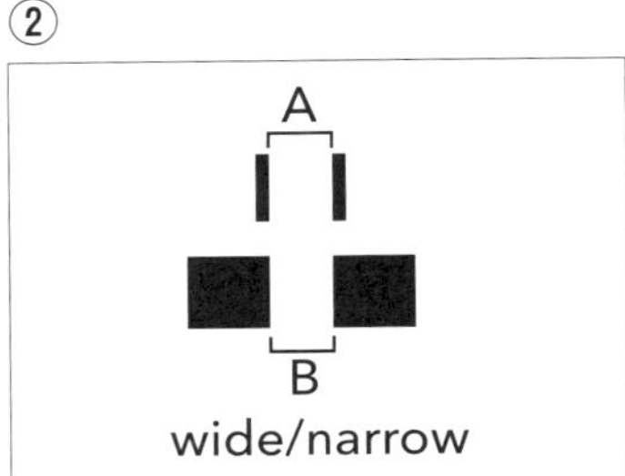

e.g. せんせい　　　　：Aと　Bと　どちらが　大(おお)きい／小(ちい)さいですか。

しょうがくせい：A／Bの　ほうが　大(おお)きい／小(ちい)さいです。

せんせい　　　　：どちらも　おなじです。

しょうがくせい：えー！

せんせい　　　　：めの　さっかくです。

PRACTICE ④　～は　～が

Make up dialogues following the pattern of the example and based on the information provided.

e.g.	①	②	③	④
Aスポーツジム	Bスポーツジム	Cスポーツジム	Dスポーツジム	Eスポーツジム
プール、大(おお)きい	りょうきん、やすい	スタジオ、ひろい	インストラクター、しんせつ	トレーニングマシン、あたらしい

e.g. A：ジムに　いきたいんですが、どこが　おすすめですか。

B：そうですね。Aスポーツジムは　プールが　大(おお)きいですから、いいですよ。わたしは　まいしゅう　いっています。

A：そうですか。ありがとうございます。

VOCABULARY

せんせい	teacher	さっかく	illusion	インストラクター	instructor
しょうがくせい	elementary school pupil	スポーツジム	sports club	しんせつ(な)	kind
		スタジオ	studio	トレーニングマシン	training machine

PRACTICE ⑤ ～に　します

Make up dialogues following the pattern of the example and based on the information provided.

A and B are at a restaurant to have lunch.

ランチメニュー

Aコース	Bコース	Cコース
サラダ	スープ	スープ
メイン	サラダ	サラダ
ドリンク	メイン	メイン
	ドリンク	ドリンク
		デザート

スープ：コンソメスープ、ポタージュスープ

サラダ：グリーンサラダ、ポテトサラダ、トマトサラダ

メイン：にく、さかな

ドリンク：コーヒー、こうちゃ、アイスコーヒー、アイスティー

デザート：アイスクリーム、アップルパイ、チーズケーキ、チョコレートケーキ

e.g　A：どの　コースに　しますか。

B：Aコースに　します。

A：サラダは　どれに　しますか。

B：グリーンサラダに　します。

A：メインは　どちらに　しますか。

B：にくに　します。

A：ドリンクは　どれに　しますか。

B：コーヒーに　します。

VOCABULARY

ランチメニュー	lunch menu	ポタージュスープ	potage	トマトサラダ	tomato salad
ドリンク	beverage	グリーンサラダ	green salad	アイスコーヒー	iced coffee
コンソメスープ	consomme	ポテトサラダ	potato salad	アイスティー	iced tea

PRACTICE ⑥ 〜は　〜が

006

Read the passage and answer the questions below.
Emma is not satisfied with the smartphone she is using now.

わたしの　スマホは　ちょっと　おそいです。
もっと　はやいのを　かいたいです。

↓

スマホショップに　いきました。

Aしゃの　スマホは　ボディの　いろが　きれいです。
Bしゃの　スマホは　がめんが　大(おお)きいです。

Cしゃの　スマホは　カメラが　いいです。
ほかにも　いろいろな　スマホが　あります。

わたしは　なにも　かいませんでした。
うちに　かえって　パンフレットを　よみます。

① エマさんの　スマホは　どうですか。

② Aしゃの　スマホは　どうですか。

③ Bしゃの　スマホは　どうですか。

④ Cしゃの　スマホは　どうですか。

⑤ エマさんは　スマホを　かいましたか。

VOCABULARY

スマホショップ	smartphone shop	ボディ	body
〜しゃ	company . . .	ほかにも	other than

LISTENING CHALLENGE

Listen to the audio and answer the questions.

1. すずきさんと　かとうさんと　どちらが　よく　ジムに　いきますか。

2. きのうの　パーティーで　スミスさんと　すずきさんと　どちらが　たくさん　ビールを　のみましたか。

3. なかむらさんの　くるまと　すずきさんの　くるまと　どちらが　高(たか)かったですか。

4. Nakamura and Smith are talking during their break.
   ① スミスさんは　しゅうまつに　どこに　いきますか。

   ② スミスさんと　かとうさんと　どちらが　ゴルフが　じょうずですか。

READING CHALLENGE

Read the passage and answer the questions.

　スミスさんは　おととい　おおさかに　いきました。ごぜん　９じの　しんかんせんに　のって、11 じはんに　おおさかに　つきました。かとうさんも　おととい　おおさかに　いきました。かとうさんの　うちは　はねだくうこうから　ちかいですから、かとうさんは　ひこうきで　いきました。ごぜん　10 じの　ひこうきに　のって、11 じ 15 ふんに　おおさかに　つきました。

① とうきょうから　おおさかまで　しんかんせんで　どのくらい　かかりますか。

② とうきょうから　おおさかまで　ひこうきで　どのくらい　かかりますか。

③ とうきょうから　おおさかまで　しんかんせんと　ひこうきと　どちらが　はやいですか。

PRACTICE ① ～は　～より　　～は　いちばん

Read the passage and choose the appropriate city from City A, B, and C, and fill in the parentheses.

1. Aしは　いちばん　あんぜんです。

Cしは　Bしより　かんこうきゃくに　にんきが　あります。

	①（　　　　）	②（　　　　）	③（　　　　）
はんざいの　かず	3,000	980	100
かんこうきゃくの　かず	4,200	8,500	2,200

（1ねんかん）

2. Aしは　Bしより　だいがくが　おおいです。

Cしは　いちばん　ラーメンやが　おおいです。

	①（　　　　）	②（　　　　）	③（　　　　）
だいがくの　かず	4	5	1
ラーメンやの　かず	24	18	30

3. Aしは　Cしより　こうじょうが　すくないです。

Bしも　Cしより　こうじょうが　すくないです。

Aしは　Bしより　こうえんが　おおいです。

	①（　　　　）	②（　　　　）	③（　　　　）
こうじょうの　かず	10	50	88
こうえんの　かず	18	12	9

VOCABULARY

はんざい　crime

PRACTICE ② 何(なに)か／どこか／だれか

Complete the dialogues by choosing the appropriate word from the box. Some words are not needed.

1. Suzuki and Smith have finished work and are going home together.

何(なに)を　　何(なに)も　　何(なに)か

すずき：おなかが　すきましたね。① ＿＿＿＿　食(た)べませんか。

スミス：そうですね。② ＿＿＿＿　食(た)べましょうか。

すずき：てんぷらは　どうですか。ちかくに　おいしい　みせが　ありますよ。

スミス：いいですね。そう　しましょう。

2. Suzuki and Smith are making plans for the weekend.

どこに　　どこで　　どこか

すずき：あしたは　やすみですね。① ＿＿＿＿　行(い)きませんか。

スミス：いいですね。② ＿＿＿＿　行(い)きましょうか。

すずき：かまくらは　どうですか。

スミス：いいですね。そう　しましょう。

3. Smith is calling to ask if the meeting room is occupied or not.

だれに　　だれも　　だれか

スミス　：いま　① ＿＿＿＿　１ばんの　かいぎしつを　つかっていますか。

たんとう：いいえ、② ＿＿＿＿　つかっていません。

スミス　：いまから　２じかん　つかいたいんですが。

たんとう：はい。どうぞ。

4. Smith is asking Nakamura about a good restaurant.

どこに　　どこにも　　どこか

スミス　：きんようびに　のぞみデパートの　たなかさんと　しょくじを　します。① ＿＿＿＿　いい　レストランを　しっていますか。

なかむら：とうふりょうりの　さくらやは　どうですか。

スミス　：とうふりょうりですか。いいですね。その　みせは　② ＿＿＿＿　ありますか。

なかむら：ぎんざです。

VOCABULARY

たんとう　person in charge	とうふりょうり　tofu cuisine	さくらや　Sakuraya (fictitious restaurant name)

LISTENING CHALLENGE

011, 012

Listen to the audio and answer the questions.

1. Smith and Nakamura are talking.

① スミスさんと　なかむらさんは　いつ　かぶきを　みに　行(い)きますか。

② スミスさんと　なかむらさんは　かぶきを　みる　まえに　何(なに)を　しますか。

③ スミスさんと　なかむらさんは　何時(なんじ)に　あいますか。

④ スミスさんと　なかむらさんは　どこで　あいますか。

2. Chan is talking.

① おねえさんの　マンションと　チャンさんの　マンションと　どちらが　ひろいですか。

② おねえさんの　マンションの　ちかくに　何(なに)が　ありますか。

③ おねえさんの　マンションと　チャンさんの　マンションと　どちらが　えきから　ちかいですか。

④ おねえさんの　マンションと　チャンさんの　マンションと　どちらが　しずかですか。

READING CHALLENGE

Read the passage and answer the questions.
Nakamura is showing pictures and talking about her family.

1.

わたしの　りょうしんです。ちちは　りょうりが　すきです。ははより　よく　りょうりを　します。しゅうまつに　いつも　おいしい　てんぷらを　つくります。ちちの　てんぷらは　ははの　てんぷらより　おいしいです。ははは　うたが　すきです。よく　カラオケに　行きます。ちちも　うたが　すきですが、ちちは　あまり　カラオケに　行きません。ははは　わたしより　あたらしい　うたを　よく　しっています。

① なかむらさんの　おとうさんと　おかあさんと　どちらが　よく　りょうりを　しますか。

....

② おとうさんの　てんぷらと　おかあさんの　てんぷらと　どちらが　おいしいですか。

....

③ おとうさんと　おかあさんと　どちらが　よく　カラオケに　行きますか。

....

④ なかむらさんと　おかあさんと　どちらが　あたらしい　うたを　よく　しっていますか。

....

VOCABULARY

りょうしん　parents

カラオケ　karaoke

2.

あにと　おとうとです。ふたりとも　サッカーの　せんしゅです。おとうとは　だいがくの　チームで　サッカーを　しています。あにより　サッカーが　じょうずです。おとうとは　まいにち　れんしゅうを　しています。あには　かいしゃの　チームで　サッカーを　しています。しゅうまつに　れんしゅうを　しています。

あには　とても　おしゃれです。あにと　わたしは　ときどき　いっしょに　ふくを　かいに　行(い)きます。あには　わたしより　たくさん　ふくを　かいます。

① おにいさんと　おとうとさんと　どちらが　サッカーが　じょうずですか。

....

② おにいさんと　おとうとさんと　どちらが　よく　サッカーの　れんしゅうを　していますか。

....

③ なかむらさんと　おにいさんと　どちらが　たくさん　ふくを　かいますか。

....

VOCABULARY

～とも	both . . .	チーム	team	ふく	clothing
せんしゅ	player (on a sports team), athlete	れんしゅう	practice		
		おしゃれ(な)	fashionable, stylish		

FURTHER PRACTICE 1

READING & WRITING

Read Naomi's blog and leave a comment.

ナオミの　ブログ

4月5日
はじめまして

ナオミです。せんしゅう　カナダから　にほんに　来ました。

きょう　わたしの　ブログを　つくりました。みなさん　どうぞ　よんでください。そして、コメントを　かいてください。

わたしの　ちちは　にほんじんですが、ははは　カナダじんです。にほんごは　だいがくで　べんきょうしました。

これから　にほんで　えいごを　おしえます。らいねんの　3がつまで　にほんに　います。にほんの　いろいろな　ところに　行きたいです。

ところで、にほんには　おいしい　食べものが　たくさん　ありますね。
わたしは　おすしと　てんぷらと　すきやきが　すきです。
ほかに　何か　おいしい　ものが　ありますか。だれか　おしえてください。

VOCABULARY

ナオミ	Naomi	コメント	comment	すきやき	sukiyaki
ブログ	blog	これから	from now on	ほかに	other than that
みなさん	everyone	ところで	by the way	おいしい　もの	tasty food

コメント１

ナオミさん、こんにちは。
おおさかの　おおたです。
ナオミさんは　おこのみやきを　しっていますか。おおさかの　おこのみやきは　にほんで　いちばん　おいしいですよ。

コメント２

ナオミさん、はじめまして。
ひろしまの　ひろたです。
ひろしまの　おこのみやきも　おいしいですよ。ひろしまの　おこのみやきも　ぜひ　食(た)べてください。

おおたさん、はじめまして。
らいしゅう　おおさかに　行(い)きます。どこか　おいしい　おこのみやきやを　おしえてください。

コメント３

ひろたさん、おおたです。
おおさかえきの　ちかくの　おおさかやが　おいしいですよ。おすすめです。

コメント４

....

....

....

おおたさん、ひろたさん、コメント　ありがとうございました。おおさかの　おこのみやきと　ひろしまの　おこのみやきと　りょうほう　食(た)べたいです。

ナオミ

VOCABULARY

おおた	Ota (surname)
おこのみやき	*okonomiyaki* (Japanese-style pancake made with various ingredients)
ひろた	Hirota (surname)
おおさかや	Osakaya (fictitious restaurant name)
りょうほう	both

LESSON 4 I Think We Need More Time

PRACTICE ① Plain forms

Write the plain forms in hiragana and katakana following the pattern of the example.

e.g. たべます → たべる　たべない　たべた　たべなかった

① いいます →

② まちます →

③ ききます →

④ しめます →

⑤ おくります →

⑥ あります →

⑦ きます (come) →

⑧ みます →

⑨ のみます →

⑩ へんこうします →

⑪ おそいです →

⑫ いいです →

⑬ たいせつです →

⑭ すきです →

⑮ ぶちょうです →

⑯ いい　アイデアです →

VOCABULARY

ぶちょう manager, director

PRACTICE ② ～と　おもいます

Make up dialogues following the pattern of the example and based on the information provided. Substitute the underlined parts with the appropriate forms of the alternatives given.

e.g. Q：かびんですか。

A：はい、かびんだと　おもいます。

B：いいえ、かびんじゃないと　おもいます。

A  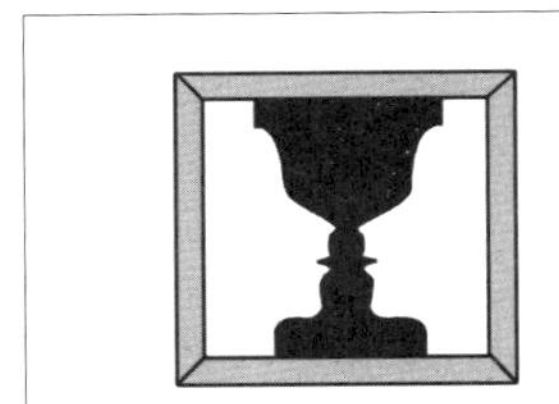 B 

① Q：じょうずですか。

A   B 

② Q：はいりますか。

A   B 

③ Q：ほんものですか。

A   B 

④ Q：高(たか)いですか。

A  

B 

VOCABULARY

| ほんもの　real thing

PRACTICE ③ 〜と　おもいます

Make up dialogues following the pattern of the example and based on the information provided.

Smith is responding to an on-the-street interview.

e.g. Japan	e.g. a safe country
① Japanese people	① very kind
② Japanese cuisine	② very delicious
③ Japanese language	③ difficult but interesting
④ Tokyo	④ a convenient city

e.g. インタビュアー：ごしゅっしんは　どちらですか。
スミス　　　　：アメリカです。
インタビュアー：にほんについて　どう　おもいますか。
スミス　　　　：あんぜんな　くにだと　おもいます。

PRACTICE ④ 〜でしょうか

Make up dialogues following the pattern of the example and based on the information provided.

Nakamura and Suzuki are talking.

e.g.	tomorrow	かとう	wine
①	the day after tomorrow	エマ	chocolate
②	next week	スミス	tie
③	Friday next week	ラジャ	T-shirt

e.g. なかむら：あしたは　かとうさんの　たんじょうびですね。
何(なに)か　プレゼントを　かいませんか。
すずき　：そうですね。何(なに)が　いいでしょうか。
なかむら：ワインは　どうですか。
すずき　：いいですね。そう　しましょう。

VOCABULARY

インタビュアー interviewer
ごしゅっしん your home town, your home country (polite form)
しゅっしん home town, home country

PRACTICE ⑤ 〜でしょうか　〜と　おもいます

Make up dialogues following the pattern of the example and based on the information provided. Substitute the underlined parts with the appropriate forms of the alternatives given.

A and B are talking about computers.

e.g.	①	②	③
じょうぶです	かるいです	がめんが　きれいです	でんわサポートが　あります
Aしゃの　パソコン	Bしゃの パソコン	Cしゃの　パソコン	Dしゃの　パソコン
いいです	べんりです	いいです	あんしんです

e.g. A：あたらしい　パソコンを　かいたいんですが、どこの　パソコンが　いいでしょうか。

B：じょうぶだから、Aしゃの　パソコンが　いいと　おもいます。わたしも　つかっています。

A：そうですか。

PRACTICE ⑥ 〜と　おもいます

Read the dialogue and answer the questions below.

A, B, and C are talking while watching the news on TV.

ニュースキャスター：２ねんごに　みなとえきに　あたらしい　えきビルが　できます。

A：いまの　えきビルは　ふるいから、いい　けいかくですね。

B：もっと　じかんが　かかると　おもいます。

C：お金(かね)が　かかるから、いまの　えきビルで　いいです。

① Aさんは　えきビルの　けいかくについて　どう　おもっていますか。

② Bさんは　えきビルの　けいかくについて　どう　おもっていますか。

③ Cさんは　えきビルの　けいかくについて　どう　おもっていますか。

VOCABULARY

じょうぶ(な)	durable, strong
でんわサポート	phone support
サポート	support
あんしん(な)	reassuring
ニュースキャスター	newscaster, news presenter
〜ねんご	. . . years later
みなとえき	Minato Station (fictitious station name)
えきビル	station building
できる (R2)	be made, be built
いまの	the present

LISTENING CHALLENGE

013, 014

Listen to the audio. Write T (true) if the statement is correct and F (false) if it is incorrect.

1. Sasaki and Suzuki are talking at the office.

① (　　) すずきさんは　エマさんは　もう　かえったと　おもっています。

② (　　) すずきさんは　エマさんは　いま　かいぎしつに　いると　おもっています。

③ (　　) すずきさんは　スミスさんは　もう　かえったと　おもっています。

2. Smith and Emma are talking at the office.

① (　　) エマさんは　かいぎの　しりょうを　もっています。

② (　　) エマさんは　かいぎの　しりょうは　キャビネットの　うえに　あると　おもっています。

READING CHALLENGE

Read the passage, and write T if the statement below is correct and F if it is incorrect.

Raja posted something on social media.

とうきょうは　とても　べんりな　まちです。でんしゃや　ちかてつの　えきが　700 いじょう　あります。わたしは　まいあさ　しんじゅくえきで　ちかてつに　のりかえます。まいにち　やく　350 万(まん)にんが　しんじゅくえきを　つかいますから、いつも　こんでいます。さいしょは　のりかえが　たいへんだと　おもいましたが、いまは　もう　なれました。とうきょうの　でんしゃや　ちかてつは　あんぜんです。そして、とても　きれいだと　おもいます。

① (　　) ラジャさんは　とうきょうは　べんりな　まちじゃないと　おもっています。

② (　　) ラジャさんは　さいしょは　のりかえが　たいへんだと　おもっていました。

③ (　　) ラジャさんは　いまも　のりかえが　たいへんだと　おもっています。

④ (　　) ラジャさんは　とうきょうの　でんしゃや　ちかてつは　あんぜんだと　おもっています。

VOCABULARY

～いじょう	more than . . .	さいしょは	at first	のりかえ	transfer
のりかえる (R2)	change trains, transfer	さいしょ	first	なれる (R2)	get used to

PRACTICE ① ～と　いっていました

Complete the sentences following the pattern of the example.
You are at an alumni reunion and listening to everyone's latest news.

You are telling a friend who could not attend what you heard at the reunion .

e.g. Aさんは　<u>今（いま）　ABC フーズに　つとめていると　いっていました</u>。

① Bさんは ……………………………………………………。

② Cさんは ……………………………………………………。

③ Dさんは ……………………………………………………。

④ Eさんは ……………………………………………………。

⑤ Fさんは ……………………………………………………。

⑥ Gさんは ……………………………………………………。

⑦ Hさんは ……………………………………………………。

VOCABULARY

けっこんする	get married	やめる（R2）	quit	だいがくに　いく	go to university

PRACTICE ② 〜てきます

Complete the dialogues following the pattern of the example.
Kato, Smith, Suzuki, and Nakamura are holding a meeting.

e.g. かとう：つぎは　のぞみデパートについてです。
あ、のぞみデパートの　ファイルが　ありませんね。
すずきさん、ファイルを　とってきてください。
（ファイルを　とる）

① かとう：つぎは　あたらしい　とりひきさきについてです。
あ、しりょうが　ありませんね。
なかむらさん、………………………………
………………………………。
（えいぎょうぶに　行(い)って、しりょうを　もらう）

② かとう　：アンケートの　けっかは　わかりましたか。
なかむら：エマさんが　しっていると　おもいます。
かとう　：じゃ、なかむらさん、………………………………。
（エマさんを　よぶ）

③ かとう：もう　のぞみデパートに　サンプルを　わたしましたか。
スミス：いいえ、まだです。
かとう：じゃ、スミスさん、あした　たなかさんに　………………………………
（サンプルを　わたす）
………………………………。

④ かとう：つぎの　かいぎの　日(ひ)を　きめましょう。
すずきさん、………………………………。
（ささきさんの　つごうを　きく）

VOCABULARY

とりひきさき	business client	けっか	results
けっかが　わかる	get the results	よぶ	get someone

PRACTICE ③ ～てみます

Complete the dialogue following the pattern of the example and based on the information provided.

A：しゅうまつに　にっこうに　行(い)きました。こうようが　きれいでした。

B：いいですね。わたしも　e.g. 行(い)ってみたいです。

A：まず、ロープウェイに　のりました。ながめが　とても　よかったです。

B：いいですね。わたしも　① ....。

A：それから、大(おお)きい　たきを　見(み)ました。すばらしかったです。

B：いいですね。わたしも　② ....。

A：りょかんに　とまって、めいぶつの　ゆばりょうりを　食(た)べました。

B：いいですね。わたしも　③ ....。

PRACTICE ④ ～と　いっていました

Complete the dialogues following the pattern of the example and based on the information provided.

A and B are telling each other what they heard from a mutual acquaintance.

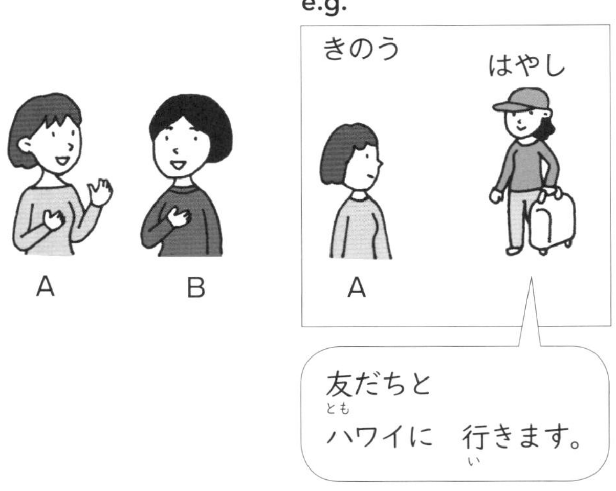

VOCABULARY

ロープウェイ	ropeway	とまる	stay (overnight)	ゆば	*yuba* (delicacy made from soybean milk)
ながめ	view	めいぶつ	(local) specialty		
すばらしい	wonderful	ゆばりょうり	*yuba* cuisine		

e.g. A：きのう　はやしさんに　あいましたよ。

B：げんきでしたか。

A：ええ、友(とも)だちと　ハワイに　行(い)くと　いっていました。

B：いいですね。

① A：こんど　えきまえの　あたらしい　レストランに　行(い)ってみませんか。

このあいだ　しみずさんが　........................　から。

B：いいですね。ぜひ。

② A：こいけさんが　おおさかに　ひっこしたと　ききましたが、ほんとうですか。

B：ええ、せんしゅう　ひっこしました。........................

........................。

③ A：ハイキングは　あしたと　あさってと　どちらに　しましょうか。

B：けさ　てんきよほうで　あしたは　........................

........................。あさっては　........................。

A：じゃあ、あさってに　しましょう。

④ A：あさっての　ハイキングに　さとうさんも　さそってみませんか。

B：さっき　さとうさんと　話(はな)しましたが、さとうさんは........................

........................。

A：そうですか。じゃあ、ふたりで　行(い)きましょう。

VOCABULARY

このあいだ	the other day	きまる	be decided	ひっこす	move house
しみず	Shimizu (surname)	さっき	just now	ハイキング	hiking
こいけ	Koike (surname)	さとう	Sato (surname)	さそう	invite
きゅうに	suddenly	こんど	shortly, soon		
てんきん	job transfer	えきまえの	in front of the station		

LISTENING CHALLENGE

015-019

Listen to the audio and answer the questions.

1. Smith and Suzuki are talking during their lunch break.
   リサさんは　とうきょうの　りょこうで　何(なに)が　いちばん　たのしかったと　いっていましたか。

   ....

2. An information program is being broadcast on TV.
   いつ　あめが　ふりますか。

   ....

3. Suzuki and Emma are talking at the office at around 6 P.M. They have an online meeting from 7 o'clock.
   エマさんは　いつ　ばんごはんを　食(た)べますか。

   ....

4. Suzuki went to the Osaka branch yesterday and met Chan. Suzuki and Emma are talking.
   チャンさんは　いつ　ホンコンに　かえりますか。

   ....

5. Smith and Suzuki are talking.
   かとうさんは　のぞみデパートで　何(なに)を　すると　いっていましたか。

   ....

READING CHALLENGE

Read the passage and answer the questions.

Emma posted something on social media.

しゅうまつに　ながのけんの　おんせんに　行(い)きました。とうきょうから　しんかんせんに　80分(ぷん)、バスに　40分(ぷん)　のって、それから　30分(ぷん)ぐらい　やまみちを　あるきました。

大(おお)きい　こうえんの　なかに　「さるの　おんせん」が　ありました。おんせんの　なかや　ちかくに　さるが　たくさん　いました。むらの　ひとは　さるは　さむい　日(に)に　おんせんに　はいると　いっていました。

わたしは　にほんに　来(く)る　前(まえ)に　インターネットで　この　おんせんの　しゃしんを　見(み)ました。それから　ずっと　行(い)ってみたいと　おもっていました。

にほんの　さるは　かわいかったです。さむかったですが、たのしい　りょこうでした。

① エマさんは　いつ　どこに　行(い)きましたか。

....

② エマさんは　どのくらい　やまみちを　あるきましたか。

....

③ こうえんの　なかに　何(なに)が　ありましたか。

....

④ むらの　ひとは　何(なん)と　いっていましたか。

....

⑤ エマさんは　いつ　「さるの　おんせん」の　しゃしんを　見(み)ましたか。

....

VOCABULARY

ながのけん	Nagano Prefecture	それから	after that, then	むら	village
ながの	Nagano	やまみち	mountain trail	ずっと	all the time
けん	prefecture	さる	monkey		

LESSON 6 It's in a Big, Blue Box

PRACTICE ① ～で／くて

Make up sentences following the pattern of the example and based on the information provided. Change the underlined parts to the appropriate forms of the alternatives given.

e.g.	スミス	アメリカじん	ABC フーズ
		やさしい	おもしろい
①	ブラウン	イギリスじん	ロンドンぎんこう
		あかるい	げんき
②	ハリス	オーストラリアじん	オーストラリアたいしかん
		しんせつ	あたまが　いい
③	ホフマン	ドイツじん	ベルリンモーターズ
		おとなしい	まじめ

e.g. スミスさんは　アメリカじんで、ABC フーズに　つとめています。
　やさしくて　おもしろいです。

PRACTICE ② ～で／くて

Make up dialogues following the pattern of the example and based on the information provided.

e.g.	①	②	③
スニーカー  white and simple	ノートパソコン large screen and cheap	 light and かっこいい	stylish and durable

e.g. A：どんな　スニーカーが　いいですか。
　B：しろくて　シンプルな　スニーカーが　いいです。

VOCABULARY

あかるい	cheerful	まじめ(な)	serious, sincere	ノートパソコン	laptop
おとなしい	quiet	スニーカー	sneakers	かっこいい	cool

PRACTICE ③ ～ています

Make up dialogues following the pattern of the example and based on the information provided.

e.g.

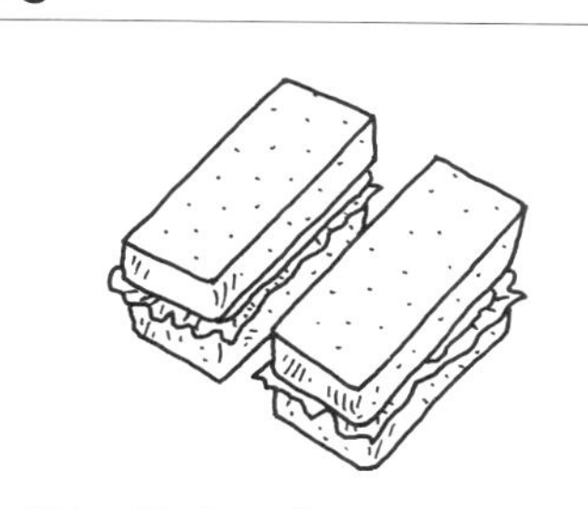

サンドイッチ
・チーズ、トマト、レタス
・ピクルス

①

やきそば
・やさい、ぶたにく
・えび

②

スープ
・たまご、とうふ、しょうが
・とうがらし

e.g. A：サンドイッチに　何(なに)が　はいっていますか。

B：チーズと　トマトと　レタスが　はいっています。

A：ピクルスも　はいっていますか。

B：いいえ、ピクルスは　はいっていません。

PRACTICE ④ ～ています

Make up dialogues following the pattern of the example and based on the information provided.

e.g.

ハンバーガーセット
・ハンバーガー
＋飲(の)みもの、フライドポテト

①

とんかつていしょく
・とんかつ
＋ごはん、みそしる

②

モーニングセット
・コーヒー
＋トースト、めだまやき

e.g. A：ハンバーガーセットに　何(なに)が　ついていますか。

B：ハンバーガーに　飲(の)みものと　フライドポテトが　ついています。

VOCABULARY

- レタス　lettuce
- ピクルス　pickles
- やきそば　fried noodles
- ぶたにく　pork
- えび　shrimp
- たまご　egg
- とうふ　tofu
- しょうが　ginger
- とうがらし　chili pepper
- ハンバーガーセット　hamburger set
- とんかつていしょく　pork cutlet set meal
- とんかつ　pork cutlet
- ていしょく　set meal
- みそしる　miso soup
- モーニングセット　breakfast special
- トースト　toast
- めだまやき　sunny-side up

LISTENING CHALLENGE

I Listen to the audio and circle the correct illustrations.

1.

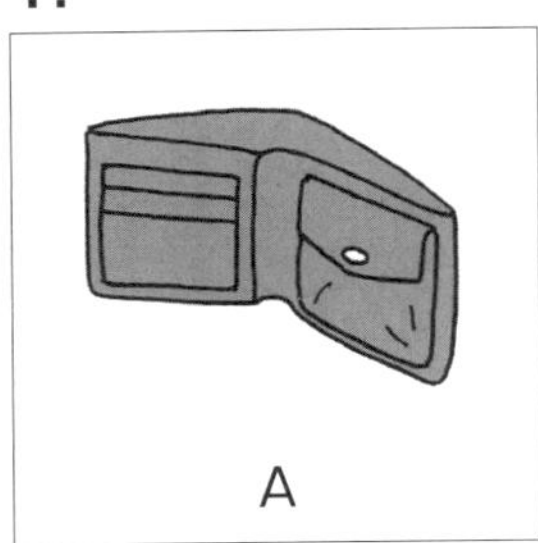
A

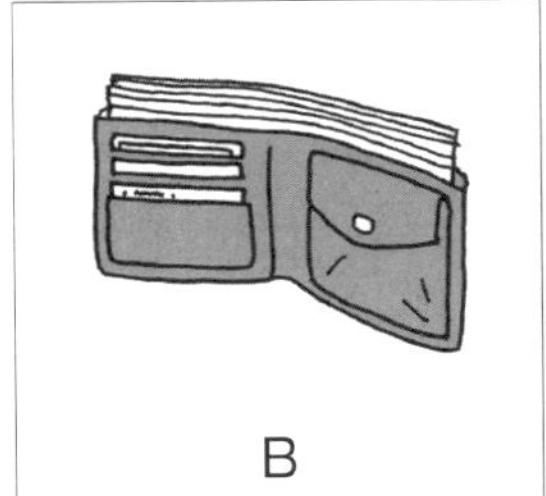
B

2.

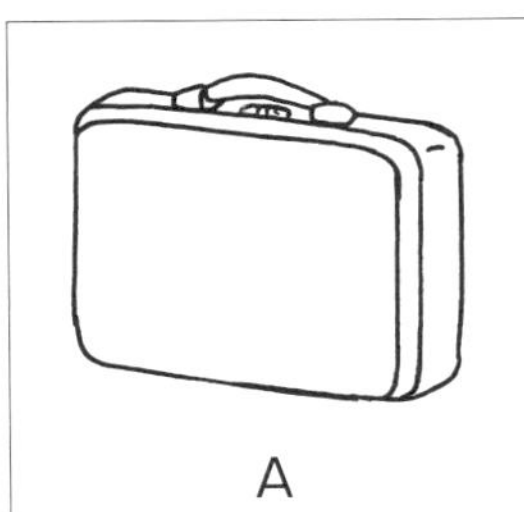
A

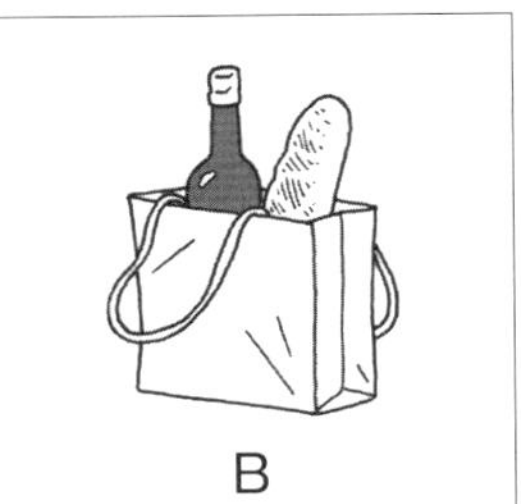
B

3.

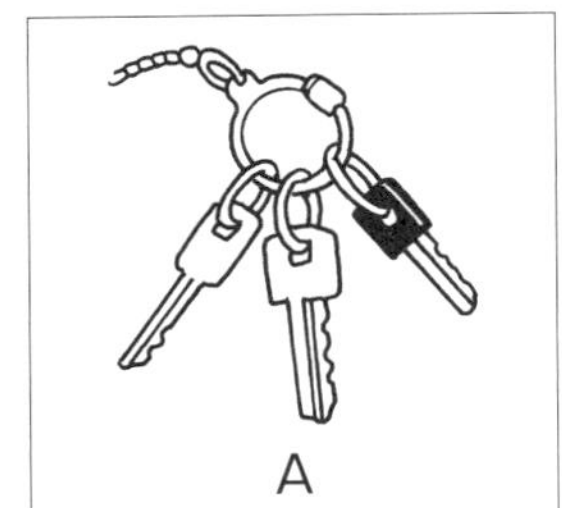
A

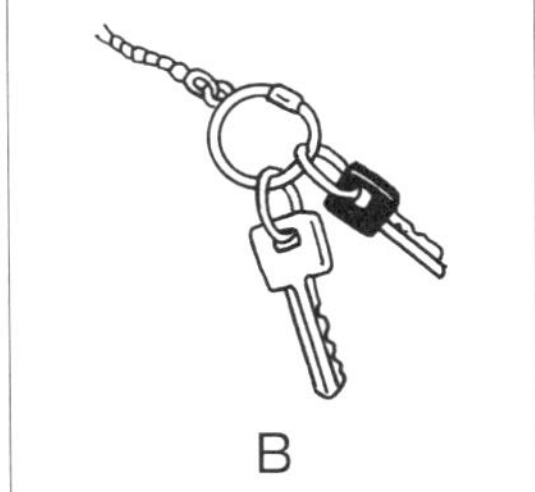
B

4.

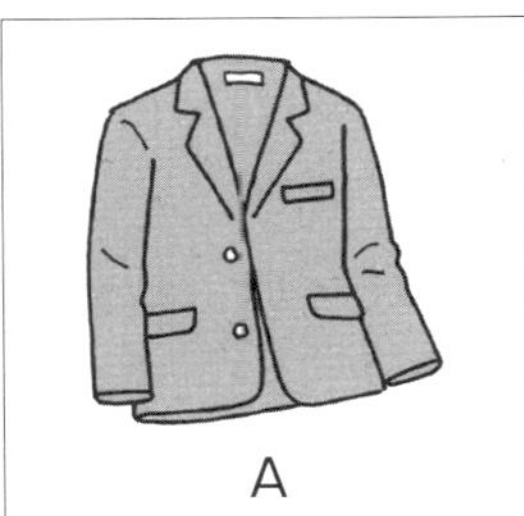
A

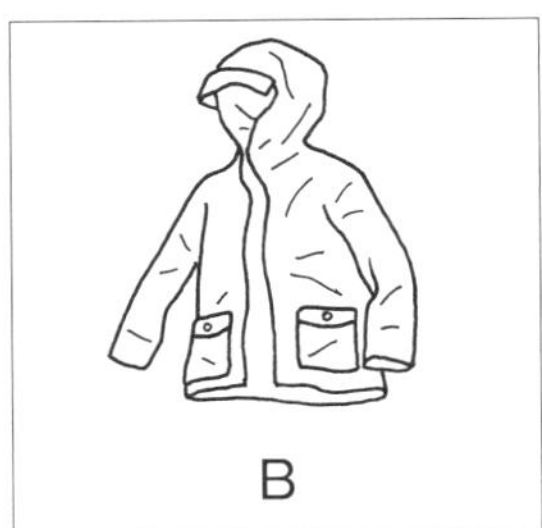
B

II Listen to the audio. Write T if the statements a, b, c are correct and F if they are incorrect.

5.

a. ( )

b. ( )

c. ( )

6.

a. ( )

b. ( )

c. ( )

7.

a. ( )

b. ( )

c. ( )

8.

a. ( )

b. ( )

c. ( )

READING CHALLENGE

Read the passage and answer the questions.

1.

レストランローマは　イタリアりょうりの　レストランで、ちかてつの　ぎんざえきの　ちかくに　あります。ちょっと　高(たか)いですが、ピザが　おいしくて、とても　にぎやかな　レストランです。みせの　ひとは　イタリアじんですが、にほんごが　とても　じょうずです。

① レストランローマは　どこに　ありますか。

....

② レストランローマは　どんな　レストランですか。

....

③ みせの　ひとは　どうですか。

....

2.

レストランとうきょうは　にほんりょうりの　レストランで、とうきょうビルの　1かいに　あります。りょうりは　やすくて　おいしいです。てんぷらが　ゆうめいです。みせの　ひとは　あかるくて　しんせつです。

① レストランとうきょうは　何(なん)の　レストランですか。

....

② レストランとうきょうは　どこに　ありますか。

....

③ りょうりは　どうですか。

....

④ 何(なに)が　ゆうめいですか。

....

⑤ みせの　ひとは　どうですか。

....

VOCABULARY

とうきょうビル　Tokyo Building (fictitious building name)

READING & WRITING

1. Read the email.

Sent：20××年(ねん)5月(がつ)20日(か)

Subject：あたらしい　マンション

さくらさん、おげんきですか。

せんしゅう　ひっこしを　しました。あたらしくて　きれいな　マンションです。となりに　大(おお)きい　さくらの　木(き)が　あります。やちんは　あまり　高(たか)くないです。えきから　ちかくて　べんりです。とても　あんぜんな　マンションです。わたしの　へやは　5かいです。エレベーターと　ひじょうかいだんが　あります。マンションの　いりぐちと　エレベーターには　ぼうはんカメラが　ついています。

1かいに　かんりにんが　すんでいます。かんりにんは　あかるくて　しんせつな　ひとです。きれいずきで　いつも　そうじを　しています。

マンションは　とうきょうの　したまちに　あります。きのう　みちで　おすもうさんを　見(み)ました。ゆかたを　きて、げたを　はいていました。

わたしは　この　マンションが　とても　きにいりました。ぜひ　あそびに　来(き)てください。来週(らいしゅう)の　ごつごうは　いかがですか。おへんじを　まっています。

ナオミ

VOCABULARY

さくら	Sakura (first name)
おげんきですか。	How have you been?, How are you doing? (a greeting at the beginning of a letter)
き	tree
やちん	rent
ひじょうかいだん	emergency staircase
ぼうはんカメラ	security camera
きれいずき(な)	cleanly
したまち	*shitamachi* (neighborhood located in eastern Tokyo)
おすもうさん	sumo wrestler
げた	Japanese wooden clogs
ごつごう	your schedule
おへんじ	your reply

Sent：20××年(ねん)5月(がつ)21日(にち)

Subject：RE: あたらしい　マンション

メール　ありがとうございます。

わたしも　ナオミさんに　あいたいです。あたらしい　マンションも　見(み)たいです。

でも、ざんねんですが、来週(らいしゅう)は　じかんが　ありません。ごめんなさい。ナオミさんは　来月(らいげつ)　いそがしいですか。

かまくらの　わたしの　うちにも　ぜひ　あそびに　来(き)てください。ふるいですが、にわが　ひろくて、へやも　たくさん　あります。ゆっくり　とまりに来(き)てください。りょうしんも　そふも　まっています。

さくら

2. Write an e-mail to a friend. Describe your home and the neighborhood you live in, and then invite that friend to your house. Refer to Naomi's e-mail as necessary for vocabulary and sentence patterns.

Subject：..

....

....

....

....

....

....

....

....

....

VOCABULARY

ごめんなさい。	I'm sorry.	ゆっくり	leisurely	そふ	(my) grandfather

FURTHER PRACTICE 2

READING & WRITING

Read Naomi's blog and leave a comment.

ナオミの　ブログ

6月3日
かまくらの　うち

今日は　友だちの　さくらさんの　うちに　行きました。さくらさんの　うちは　かまくらに　あります。とうきょうから　かまくらまで　でんしゃで　1じかん　かかりました。さくらさんの　うちは　大きい　うちで、わふうの　にわが　ありました。大きい　いけで　きれいな　さかなが　およいでいました。

さくらさんの　うちで　はじめて　ぼんさいを　見ました。50センチぐらいの　まつの　木で、えだが　くねくね　まがっていました。さくらさんの　おじいさんは　ぼんさいが　すきで、まいあさ　5時に　おきて、せわを　します。

さくらさんの　うちには　ちゃしつが　あります。とても　小さい　へやです。その　へやには　小さい　いりぐちが　あって、にわから　はいります。さくらさんの　おかあさんは　さどうの　せんせいです。わたしは　はじめて　まっちゃを　飲みました。ちょっと　にがかったですが、おいしかったです。

VOCABULARY

わふう	Japanese-style	えだ	branch	せんせい	instructor
いけ	pond	くねくね　まがっている	twisted	まっちゃ	matcha (powdered green tea)
ぼんさい	bonsai	せわを　する	tend to	にがい	bitter
～センチ	. . . centimeters	ちゃしつ	tearoom		
まつ	pine	さどう	tea ceremony		

コメント１

ラウラです。きょねん　ブラジルから　にほんに　来(き)ました。わたしは　さどうを　ならっています。せんげつ　はじめて　きものを　きました。さどうの　せんせいは　いつも　きものを　きています。あかるくて　やさしいです。ナオミさんも　いっしょに　さどうを　ならいませんか。

コメント２

....

....

....

....

....

....

....

....

ラウラさん、コメント　ありがとうございました。ラウラさんは　どこで　さどうを　ならっていますか。わたしも　ならいたいです。　ナオミ

VOCABULARY

ラウラ　Laula (first name)

LESSON 7 Have You Ever Been to Hakone?

PRACTICE ① ～た　ことが　あります

I Make up sentences and dialogues following the pattern of the examples and based on the information provided.

	おにぎりを 食(た)べる	うまに のる	からてを する	東京(とうきょう)タワーに のぼる	日本(にほん)の うたを うたう
スミス	○	×	○	×	○
エマ	○	○	×	×	×
チャン	○	×	×	○	○
ラジャ	×	○	×	○	×

1. **e.g.** スミスさんは　おにぎりを　食(た)べた　ことが　あります。

2. **e.g.** A：スミスさんは　おにぎりを　食(た)べた　ことが　ありますか。

B：はい、あります。

II Make up sentences following the pattern of the example and based on the information provided. Change the underlined parts to the appropriate forms of the alternatives given.

e.g.	マラソン	テレビで　見(み)る	○
		はしる	×
①	日本(にほん)りょうり	食(た)べる	○
		つくる	×
②	クラシックおんがく	ストリーミングで　きく	○
		コンサートに　行(い)く	×
③	カラオケ	行(い)く	○
		うたう	×

e.g. マラソンは　テレビで　見(み)た　ことは　ありますが、はしった　ことは　ありません。

VOCABULARY

おにぎり	rice ball	からてを　する	do karate	クラシックおんがく	classical music
うま	horse	とうきょうタワー	Tokyo Tower	ストリーミング	streaming
のる	ride	マラソン	marathon		

PRACTICE ② ～んです

Make up dialogues following the pattern of the example and based on the information provided.

Green, Chan, Kato, and Suzuki are spoken to by a neighbor when they are leaving their homes respectively.

e.g. グリーン

パーティーが あります

① チャン

友(とも)だちと やくそくが あります

② 加藤(かとう)

おんせんに 行(い)きます

③ 鈴木(すずき)

これから バーベキューを します

e.g. となりの ひと ：おでかけですか。

グリーン ：ええ、パーティーが あるんです。

PRACTICE ③ ～んです

Make up dialogues following the pattern of the example.

e.g. スミス：かいしゃまで あるいて 来(き)ますか。

→ かいしゃまで あるいて 来(く)るんですか。

中村(なかむら) ：ええ、ちかくに すんでいます。

→ ええ、ちかくに すんでいるんです。

① スミス：まだ かえりませんか。

→ ....

エマ ：ええ、あしたの プレゼンの じゅんびが あります。

→ ....

② スミス：タクシーで 行(い)きますか。

→ ....

中村(なかむら) ：ええ、時間(じかん)が ありません。

→ ....

③ スミス：何(なに)か さがしていますか。

→ ....

チャン：ええ、スマホが 見(み)つかりません。

→ ....

VOCABULARY

バーベキューを する have a barbeque	となりの ひと neighbor おでかけですか。 Are you going out?	おでかけ outing

PRACTICE ④ 〜んです

Make up sentences following the pattern of the example.

e.g. スポーツクラブに　はいりたいです。

どこか　いい　クラブを　しっていますか。

→　スポーツクラブに　はいりたいんですが、

どこか　いい　クラブを　しっていますか。

① あした　うちで　パーティーを　します。

来(き)ませんか。

→ ……………………………………

……………………………………

② これから　山田(やまだ)さんと　食事(しょくじ)に　行(い)きます。

いっしょに　行(い)きませんか。

→ ……………………………………

……………………………………

③ これを　アメリカに　おくりたいです。

こうくうびんは　いくらですか。

→ ……………………………………

……………………………………

④ この　かんじの　よみかたが　わかりません。

おしえてください。

→ ……………………………………

……………………………………

VOCABULARY

スポーツクラブ	sports club	やまだ	Yamada (surname)	よみかた	how to read
はいる	join	こうくうびん	air mail	〜かた	how to . . .

PRACTICE ⑤ ～んです

Complete the dialogues following the pattern of the example.

中村(なかむら)：今晩(こんばん)　いっしょに　えいがを　見(み)に　行(い)きませんか。
エマ：すみません。

e.g.　今日(きょう)は　日本語(にほんご)の　クラスが　あります。
→　今日(きょう)は　日本語(にほんご)の　クラスが　あるんです。

中村(なかむら)：そうですか。じゃ、また　今度(こんど)。

① おきゃくさんから　電話(でんわ)が　来(き)ます。
→ ....

② ８時(じ)に　友(とも)だちが　成田空港(なりたくうこう)に　つきます。
→ ....

③ ６時(じ)から　オンラインかいぎです。
→ ....

④ くにから　ははが　来(き)ています。
→ ....

PRACTICE ⑥ ～んです

Complete the dialogues following the pattern of the example.
Suzuki talks to Smith, who has arrived late at the party.

鈴木(すずき)　：スミスさん、今(いま)　来(き)たんですか。
e.g. スミス：ええ、しごとが　おわりませんでした。
→　ええ、しごとが　おわらなかったんです。

① みちが　こんでいました。
→ ....

② ばしょが　わかりませんでした。
→ ....

③ エマさんを　まっていました。
→ ....

④ あしたの　かいぎの　じゅんびを　していました。
→ ....

PRACTICE ⑦ ～も

Complete the sentences by choosing the appropriate word from the box and adding the particle も. The words can be used only once.

100まい	5はい	60こ	3だい	20日間(かかん)	12さつ

① 山田(やまだ)さんは　まいばん　ウイスキーを ＿＿＿＿＿ 飲(の)むと　ききました。

② なつやすみに　パリに　行(い)きました。＿＿＿＿＿ いましたから、いろいろな　びじゅつかんを　まわりました。きれいな　えはがきを ＿＿＿＿＿ かいました。

③ わたしの　友(とも)だちは　パソコンを ＿＿＿＿＿ つかっています。

④ きのう　ほんやで　マンガの　ほんを ＿＿＿＿＿ かいました。とても　おもかったです。

⑤ エマさんは　今月(こんげつ)　かんじを ＿＿＿＿＿ おぼえたと　いっていました。

LISTENING CHALLENGE

🔊 028-030

I Listen to the audio and fill in the blanks with what you hear.

1. Smith meets Nakamura by coincidence at a café close to the office.

スミス：よく　この　カフェに　① ＿＿＿＿＿。

中村(なかむら)：ええ。まいあさ　しごとの　前(まえ)に　来(き)ます。

スミス：かいしゃの　コーヒーは　② ＿＿＿＿＿。

中村(なかむら)：ええ。この　カフェの　コーヒーの　ほうが　③ ＿＿＿＿＿。

2. Chan speaks to Suzuki on seeing a picture of him in a baseball uniform.

チャン：鈴木(すずき)さんは　やきゅうを　① ＿＿＿＿＿。

鈴木(すずき)：ええ。よく　週末(しゅうまつ)に　しています。見(み)るのも　すきなんですよ。アメリカに　行(い)って、② ＿＿＿＿＿ が、とても　おもしろかったです。

チャン：そうですか。ほんとうに　すきなんですね。

VOCABULARY

まわる	go around	マンガ	manga
えはがき	picure postcard	おぼえる（R2）	memorize

II Listen to the audio. Write T if the statement is correct and F if it is incorrect.

Smith and Sasaki are talking during their break.

① (　　) スミスさんは　きのう　うみで　バーベキューを　しました。

② (　　) スミスさんの　おねえさんは　鎌倉(かまくら)に　すんでいます。

③ (　　) 佐々木(ささき)さんは　はじめて　鎌倉(かまくら)に　行(い)きました。

④ (　　) 鎌倉(かまくら)は　いい　ところです。

READING CHALLENGE

Read the passage and answer the questions.

Tanaka wrote a blog post.

> わたしは　オリエント・エクスプレスに　のった　ことが　あります。去年(きょねん)の　ゴールデンウィークに　つまと　いっしょに　ロンドンから　パリまで　のりました。
>
> ロンドンから　パリまでは　ユーロスターで　２時間半(じかんはん)ぐらいですが、オリエント・エクスプレスは　10時間以上(じかんいじょう)　かかりました。なかの　レストランで　フランスりょうりを　食(た)べました。
>
> 高(たか)かったですが、いい　旅行(りょこう)でした。

① 田中(たなか)さんは　オリエント・エクスプレスに　のった　ことが　ありますか。

....

② いつ　のりましたか。

....

③ どこから　どこまで　のりましたか。

....

④ どのくらい　かかりましたか。

....

⑤ オリエント・エクスプレスの　なかで　何(なに)を　しましたか。

....

VOCABULARY

オリエント・エクスプレス the Orient Express	ゴールデンウィーク Golden Week (a series of national holidays from April 29 to early May)	フランスりょうり French cuisine ユーロスター Eurostar

LESSON 8 I Soaked in a Hot Spring While Gazing at Mount Fuji

PRACTICE ① ～たり、～たり

Pair the illustrations as you like and complete the dialogues following the patterns of the examples.

e.g. A：なつやすみは　何(なに)を　しますか。

B：ゴルフを　したり、うみで　およいだり　します。

ゴルフを　する

うみで　およぐ

山(やま)に　のぼる

かぞくと旅行(りょこう)する

① A：おしょうがつやすみは　何(なに)を　しましたか。

B：..

スノーボードをする

おんせんに　行(い)く

なべりょうりを食(た)べる

きものを　きる

② A：日本(にほん)で　何(なに)を　したいですか。

B：..

日本(にほん)りょうりをつくる

かぶきを　見(み)る

いけばなをならう

わだいこをたたく

VOCABULARY

やま　mountain
(お)しょうがつやすみ　New Year holiday
わだいこを　たたく　beat a Japanese drum
わだいこ　Japanese drum
たたく　beat, play (drums)

PRACTICE ② 〜たり、〜たり

Make up dialogues following the pattern of the example. Substitute the underlined part with the appropriate forms of the alternatives given.

e.g. A：<u>京都(きょうと)に</u>　行(い)った　ことが　ありますか。

B：ええ、あります。

A：<u>京都(きょうと)で</u>　何(なに)を　しましたか。

B：<u>ふるい　じんじゃや　おてらを　見(み)たり、ゆどうふを　食(た)べたり　しました。</u>

e.g. 京都(きょうと)

・ふるい　じんじゃや　おてらを　見(み)る
・ゆどうふを　食(た)べる

① 沖縄(おきなわ)

・ビーチで　のんびりする
・シュノーケリングを　する

② ニューヨーク

・ブロードウェイに　行(い)く
・セントラルパークで　ジョギングを　する

③ ロンドン

・だいえいはくぶつかんに　行(い)く
・アンティークショップを　まわる

④ イタリア

・オペラを　見(み)る
・ゴンドラに　のる

⑤ 北海道(ほっかいどう)

・はなの　しゃしんを　とる
・おすしを　食(た)べる

VOCABULARY

ゆどうふ	boiled tofu	セントラルパーク	Central Park	アンティークショップ	antique shop
シュノーケリングを　する	snorkel	だいえいはくぶつかん	the British Musuem	オペラ	opera
ブロードウェイ	Broadway			ゴンドラ	gondola

PRACTICE ③ ～ながら

Make up sentences following the pattern of the example and based on the information provided.

e.g.

①

②

③

e.g. 電話(でんわ)を　しながら、そうじを　しています。／
そうじを　しながら、電話(でんわ)を　しています。

PRACTICE ④ ～ながら

Complete the dialogues by choosing the appropriate word from the box and changing it to the appropriate form. The words can be used multiple times and some are not needed.

見(み)る	あるく	きく	食(た)べる	する

鈴木(すずき)：エマさん、あさは　いそがしいんですか。

エマ：ええ、とても　いそがしいです。

まいあさ　テレビを　e.g. 見(み)ながら、あさごはんを　食(た)べて、ラジオの　ニュースを　①……………………、メイクを　しているんです。

それから、電車(でんしゃ)の　なかで　おんがくを　②……………………、メールを　チェックしています。

ときどき　かいしゃまで　③……………………、電話(でんわ)で　うちあわせも　しているんですよ。

鈴木(すずき)：たいへんですね。

ぼくも　このあいだ　びっくりしたんですが、女(おんな)の　人(ひと)が　メイクを　④……………………、あるいていたんですよ。

VOCABULARY

メイクを　する	put on makeup	ぼく	I/me (informal; used by males)
メイク	makeup	びっくりする	be surprised

PRACTICE ⑤ ～ましょうか

Complete the dialogues following the pattern of the example.

e.g. 中村(なかむら)：スミスさん、かいぎの　じゅんびは　もう　できましたか。
スミス：しりょうは、できましたが、かいぎしつの　よやくは　まだなんです。
中村(なかむら)：わたしが　よやくしましょうか。(わたしが　よやくする)
スミス：ありがとうございます。おねがいします。

① 中村(なかむら)：スミスさん、にもつが　おおいですね。
スミス：ええ、あしたの　プレゼンで　つかうんです。
中村(なかむら)：………………………………(一(ひと)つ　もつ)
スミス：ありがとうございます。おねがいします。

② 中村(なかむら)：スミスさん、でかけるんですか。
スミス：ええ、サンプルを　とりに　行(い)くんです。
中村(なかむら)：………………………………(わたしが　とりに　行(い)く)
スミス：だいじょうぶです。わたしが　行(い)きます。

③ 中村(なかむら)：スミスさん、おみやげを　かうんですか。
スミス：ええ、いもうとに。
中村(なかむら)：………………………………
(わたしも　いっしょに　えらぶ)
スミス：ありがとうございます。おねがいします。

④ 中村(なかむら)：スミスさん、くすりを　飲(の)むんですか。
スミス：ええ、ちょっと　ねつが　あるんです。
中村(なかむら)：………………………………(水(みず)を　もってくる)
スミス：ありがとうございます。おねがいします。

VOCABULARY

でかける（R2）	go out	えらぶ	choose

LISTENING CHALLENGE

🔊 031

Listen to the audio and answer the questions.
Suzuki and Smith are talking.

① スミスさんは　北海道(ほっかいどう)に　行(い)った　ことが　ありますか。

....

② 鈴木(すずき)さんと　スミスさんは　北海道(ほっかいどう)で　どんな　ことを　しますか。

....

READING CHALLENGE

Read the passage and answer the questions.
Nakamura wrote a blog post.

わたしの　なつやすみ

なつやすみに　パリに　1週間(しゅうかん)　行(い)ってきました。パリでは　ルーブルびじゅつかんに　行(い)ったり、　セーヌがわで　ボートに　のったり　しました。それから　カフェで　コーヒーを　飲(の)みながら、　いろいろな　人(ひと)を　ながめたり　しました。来年(らいねん)の　なつやすみも　また　パリに　行(い)きたいです。つぎは　パリの　こうがいに　行(い)って、小(ちい)さな　びじゅつかんを　たずねたり、ワイナリーで　ワインを　飲(の)んだり　したいです。

① 中村(なかむら)さんは　いつ　パリに　行(い)きましたか。

....

② どのくらい　パリに　いましたか。

....

③ パリで　何(なに)を　しましたか。

....

④ パリの　カフェで　何(なに)を　しましたか。

....

⑤ 中村(なかむら)さんは　来年(らいねん)の　なつやすみは　何(なに)を　したいと　おもっていますか。

....

VOCABULARY

ルーブルびじゅつかん	the Louvre Museum	ボート	boat	たずねる（R2）	visit
セーヌがわ	the Seine River	ながめる（R2）	gaze at	ワイナリー	winery
		こうがい	suburbs		

LESSON 9 I Can Join the Meeting

PRACTICE ① Potential form

Make up dialogues following the pattern of the example.

1. What you can do with a smartphone

e.g. A：スマホで　何(なに)が　できますか。

B：メールが　おくれます。　（メール、おくります）

① B：…………（しゃしん、とります）

② B：…………（どうが、見(み)ます）

③ B：…………（おんがく、ききます）

④ B：…………（何(なん)でも、しらべます）

2. What you can do at a convenience store

e.g. A：コンビニで　何(なに)が　できますか。

B：たくはいびんで　にもつが　おくれます。

（たくはいびんで　にもつを　おくります）

① B：…………

（たくはいびんの　にもつを　うけとります）

② B：…………

（コンサートの　チケットを　よやくします）

③ B：…………

（スマホを　じゅうでんします）

④ B：…………

（電気料金(でんきりょうきん)や　ガス料金(りょうきん)を　はらいます）

VOCABULARY

なんでも	anything	でんきりょうきん	electricity bill	ガスりょうきん	gas bill

PRACTICE ② ～ので

Make up dialogues following the pattern of the examples. Substitute the underlined parts with the appropriate forms of the alternatives given.

1.

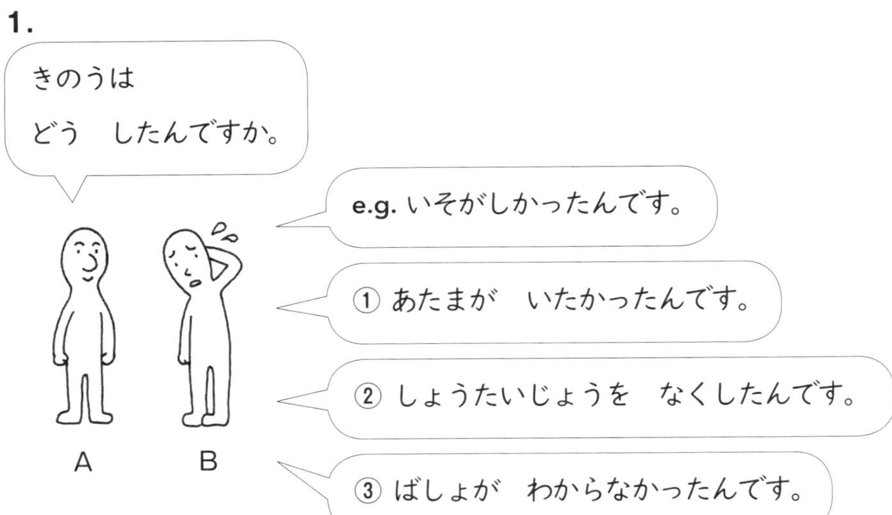

e.g. Bさんは　きのう　<u>いそがしかったので</u>、パーティーに　行けませんでした。

2.

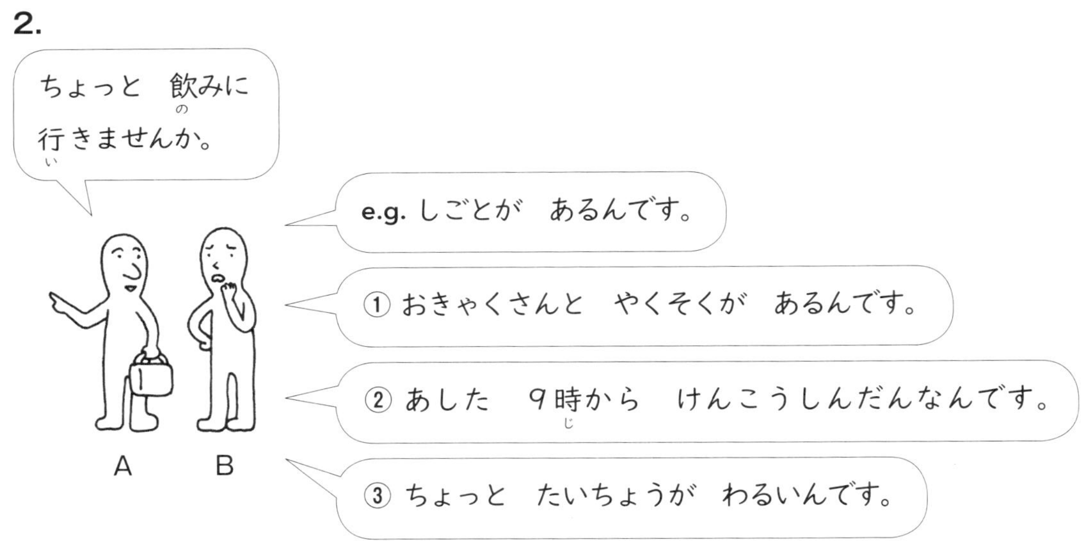

e.g. Bさんは　<u>しごとが　あるので</u>、飲みに　行きません。

VOCABULARY

しょうたいじょう	invitation card
ばしょ	venue, place
けんこうしんだん	health checkup
たいちょう	physical shape, condition

PRACTICE ③ 〜ので

Choose which seat the four people reserved from A, B, C, and D.

Raja, Lisa, Paul, and Tanaka each reserved their seats on an airplane for the reasons stated below.

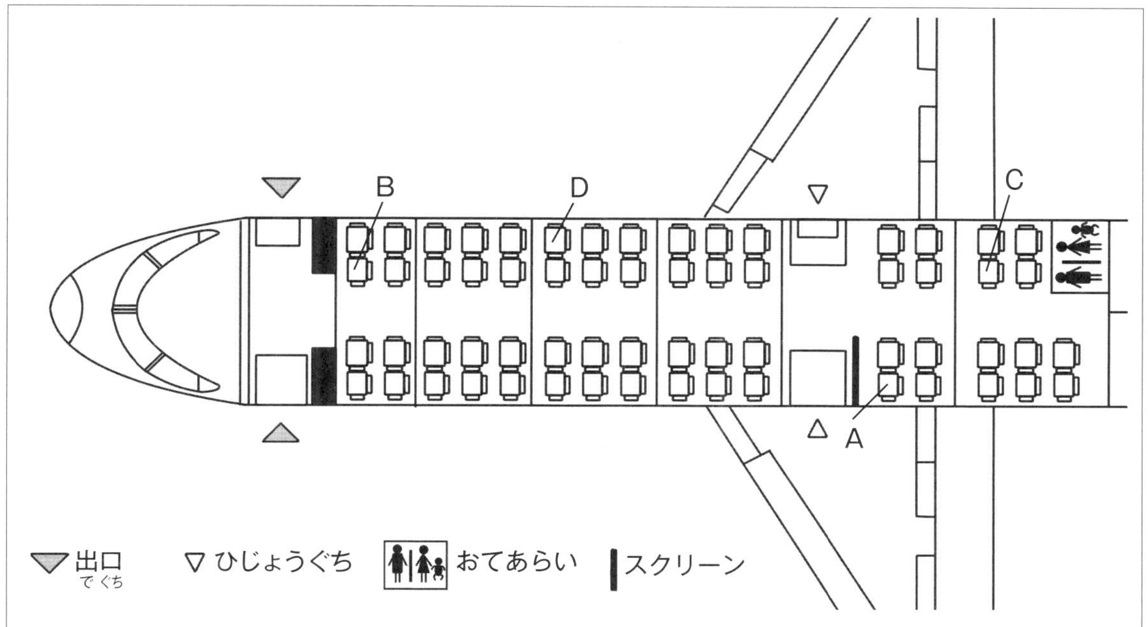

ラジャ：わたしは　はやく　おりたいので、出口(でぐち)に　ちかい　せきを　よやくしました。　（ A　B　C　D ）

リサ　：わたしは　けしきが　見(み)たいので、まどがわの　せきを　よやくしました。　（ A　B　C　D ）

ポール：わたしは　おてあらいに　行(い)く　とき　べんりなので、つうろがわの　せきを　よやくしました。　（ A　B　C　D ）

田中(たなか)　：わたしは　あかちゃんの　ベッドを　つかいたいので、スクリーンの　前(まえ)の　せきを　よやくしました。　（ A　B　C　D ）

VOCABULARY

ひじょうぐち	emergency exit	まどがわ	by the window	あかちゃん	baby
けしき	scenery	つうろがわ	by the aisle	スクリーン	screen

LISTENING CHALLENGE

032-034

Listen to the audio. Write T if the statement is correct and F if it is incorrect.

1. Kato is at a post office.

① (　　) 大(おお)きい　にもつは　ゆうびんで　おくれます。

② (　　) 小(ちい)さい　にもつは　ゆうびんで　おくれません。

③ (　　) 加藤(かとう)さんは　大(おお)きい　にもつを　ゆうびんで　おくりません。

2. Nakamura is at a restaurant.

① (　　) 中村(なかむら)さんは　みせの人(ひと)に　はなの　名前(なまえ)を　聞(き)きました。

② (　　) みせの人(ひと)は　中村(なかむら)さんに　はなの　名前(なまえ)を　おしえました。

③ (　　) はなも　食(た)べられます。

3. Kato is at a clothes shop.

① (　　) 加藤(かとう)さんは　せんたくきを　かいに　来(き)ました。

② (　　) 加藤(かとう)さんは　ジャケットを　かいました。

③ (　　) 加藤(かとう)さんは　セーターを　かいました。

READING CHALLENGE

Read the passage, and write T if the statement below is correct and F if it is incorrect.

1. Nakamura posted something on social media.

友(とも)だちの　ニッキーさんは　りょうりが　上手(じょうず)で、いろいろな　ものが　つくれます。ケーキも　つくれます。ニッキーさんの　ケーキは　おみせの　ケーキより　おいしいです。去年(きょねん)の　クリスマスに　このケーキを　つくりました。ニッキーさんは　今(いま)　かいがいに　すんでいるので、あまり　会(あ)えませんが、よく　オンラインで　話(はな)しています。ニッキーさんは　えいごと　日本語(にほんご)と　フランスごと　スペインごが　話(はな)せます。

VOCABULARY

ニッキー　Nicky

かいがい　overseas, abroad

① (　　) ニッキーさんは　おいしい　ケーキが　つくれます。

② (　　) ニッキーさんは　かいがいに　すんでいます。

③ (　　) 中村(なかむら)さんと　ニッキーさんは　よく　会(あ)っています。

④ (　　) ニッキーさんは　日本語(にほんご)が　話(はな)せません。

2. Green posted something on social media.

　これは　うちの　いぬの　ココです。フレンドリーで　いつも　げんきです。ココは　毎日(まいにち)　かぞく　みんなの　くつしたを　せんたくきに　入(い)れます。あたまが　いいので、ごみを　ごみばこに　すてられます。わたしは　まいあさ　ココを　さんぽに　つれていきます。ゆうがたは　しごとが　あるので、わたしは　行(い)けませんが、つまが　さんぽに　つれていきます。週末(しゅうまつ)は　よく　ドッグパークに　行(い)って、キャッチボールを　します。ココは　キャッチボールが　とても　上手(じょうず)です。

① (　　) グリーンさんは　毎日(まいにち)　くつしたを　せんたくきに　入(い)れます。

② (　　) グリーンさんの　いぬは　あさ　さんぽに　行(い)きますが、ゆうがたは　行(い)きません。

③ (　　) グリーンさんの　おくさんは　いぬの　さんぽに　行(い)きません。

④ (　　) グリーンさんの　いぬは　キャッチボールが　できます。

VOCABULARY

フレンドリー(な)	friendly	すてる (R2)	throw away	キャッチボール	play catch
くつした	socks	ドッグパーク	dog park		

FURTHER PRACTICE 3

READING & WRITING

Read Naomi's blog and leave a comment.

ナオミの　ブログ

7月24日
ダイビング

きのう　さくらさんと　おにいさんの　聡太さんと　3人で　伊豆に　ダイビングに　行きました。伊豆は　けしきが　きれいで、ダイビングポイントが　たくさん　あります。

聡太さんは　ベテランの　ダイバーです。よく　ハワイや　オーストラリアに　ダイビングに　行きます。さかなの　名前や　いい　ダイビングポイントを　たくさん　しっています。去年から　ときどき　ダイビングの　ざっしに　きじを　かいています。

伊豆で　聡太さんの　友だちが　ダイビングショップを　やっています。わたしたちは　あさ　くるまで　鎌倉を　出て、9時ごろ　その　ダイビングショップに　つきました。ビーチに　行って　じゅんびを　して、10時20分から　40分ぐらい　ダイビングを　しました。

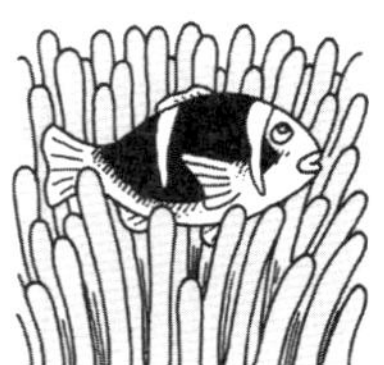

伊豆の　うみは　ちょっと　つめたかったですが、きれいでした。カラフルな　さかなや　ソフトコーラルを　見ました。わたしは　何まいも　しゃしんを　とりました。

VOCABULARY

そうた	Sota (first name)	ざっし	magazine	カラフル(な)	colorful
ダイビングポイント	diving spot	きじ	article	ソフトコーラル	soft coral
ベテラン	expert	ダイビングショップ	diving shop	なんまいも	many (pictures)
ダイバー	diver	やる	do, run		
ハワイ	Hawaii	つめたい	cold		

コメント１

こんにちは。中山(なかやま)です。友(とも)だちが　沖縄(おきなわ)で　ダイビングショップを　やっています。20日(か)の　あさ　ひこうきで　東京(とうきょう)を　出(で)て、10時(じ)ごろ　沖縄(おきなわ)に　つきました。その　日(ひ)の　午後(ごご)　友(とも)だちと　いっしょに　ダイビングを　しました。マンタを　見(み)ましたよ。

ナオミさんは　沖縄(おきなわ)に　行(い)った　ことが　ありますか。

コメント２

中山(なかやま)さん、マンタを　見(み)たんですか。いいですね。わたしは　マンタを　見(み)た　ことが　ありません。沖縄(おきなわ)に　行(い)った　ことも　ありません。ぜひ　沖縄(おきなわ)で　ダイビングを　してみたいです。　ナオミ

VOCABULARY

なかやま	Nakayama (surname)
マンタ	manta ray

LESSON 10 I Came Here When I Was a Student

PRACTICE ① ～とき　～てから

1. Read the passage and fill in the chart on page 58 with the appropriate information. Use the plain form of the verb for the information.

    Nakamura is at a wedding hall attending her friend's wedding. She listens to the profiles of the groom, Sho Tamura, and the bride, Haruka Nakano, at the wedding party.

田村(たむら)　翔(しょう)さん

翔(しょう)さんは　1994年(ねん)　2月(がつ)に　シカゴで　生(う)まれました。1999年(ねん)に　ニューヨークに　ひっこしました。2006年(ねん)に　はじめて　日本(にほん)に　来(き)て、神戸(こうべ)の　中学校(ちゅうがっこう)に　入(はい)りました。それから　高校(こうこう)　そつぎょうまで　神戸(こうべ)に　すんでいました。翔(しょう)さんは　スポーツが　とくいです。中学校(ちゅうがっこう)で　テニスぶに　入(はい)りましたが、高校(こう)では　バスケットボールぶに　入(はい)りました。

2012年(ねん)に　高校(こうこう)を　そつぎょうして、アメリカの　大学(だいがく)に　入学(にゅうがく)しました。大学(だいがく)では　けいえい学(がく)を　べんきょうしました。2016年(ねん)に　大学(だいがく)を　そつぎょうして、サンフランシスコで　ITビジネスを　はじめました。2018年(ねん)に　パーティーで　はるかさんと　しりあいました。翔(しょう)さんの　会社(かいしゃ)は　2020年(ねん)に　日本(にほん)の　会社(かいしゃ)と　プロジェクトを　はじめました。それから、毎月(まいつき)　東京(とうきょう)に　来(き)ています。

VOCABULARY

たむら	Tamura (surname)	テニスぶ	tennis club
しょう	Sho (first name)	～ぶ	club
シカゴ	Chicago	バスケットボールぶ	basketball club
とくい(な)	good at	サンフランシスコ	San Francisco
ITビジネス	IT business	はるか	Haruka (first name)

中野　はるかさん

はるかさんは　1995年　4月に　鹿児島で　生まれました。2005年に　東京に　ひっこしました。東京で　中学校に　入りました。子どもの　ときから　スポーツが　すきです。中学校では　テニスぶの　キャプテンでした。高校に　入ってからも、テニスを　つづけました。2012年に　インターハイに　出ました。2013年に　大学に　入って、けんちくの　べんきょうを　しました。2017年に　大学を　そつぎょうして　アメリカの　デザインスクールに　りゅうがくしました。2018年に　パーティーで　翔さんと　しりあいました。つぎの　年に　デザインスクールを　そうぎょうして、アメリカの　けんちくじむしょに　しゅうしょくしました。今は　アメリカで　しごとを　しています。

VOCABULARY

なかの	Nakano (surname)
かごしま	Kagoshima (prefecture)
キャプテン	captain
インターハイ	interscholastic athletic meet
でる（R2）	take part, participate
けんちく	architecture
デザインスクール	design school
りゅうがくする	study abroad
とし	year
けんちくじむしょ	architect's office

Age	翔(しょう)	年(ねん)	はるか	Age
0	• シカゴで　生(う)まれる	1994		
1		1995	⑥ •	0
5	① •	1999		4
11		2005	⑦ •	10
12	② • • 中学校(ちゅうがっこう)に　入(はい)る	2006		11
13		2007	• 中学校(ちゅうがっこう)に　入(はい)る	12
16		2010	• 高校(こうこう)に　入(はい)る	15
18	• 高校(こうこう)を　そつぎょうする ③ •	2012	⑧ •	17
19		2013	• 大学(だいがく)に　入(はい)る	18
22	• 大学(だいがく)を　そつぎょうする ④ •	2016		21
23		2017	⑨ • • アメリカの　デザインスクールに　りゅうがくする	22
24	• はるかさんと　しりあう	2018	• 翔(しょう)さんと　しりあう	23
25		2019	• デザインスクールを そつぎょうする ⑩ •	24
26	⑤ •	2020		25
28	• はるかさんと　けっこんする	2022	• 翔(しょう)さんと　けっこんする	27

2. Answer the questions below based on the information on p. 58.

① はるかさんは　翔(しょう)さんが　何(なん)さいの　とき、生(う)まれましたか。

....

② 翔(しょう)さんは　何(なん)さいの　とき、日本(にほん)に　来(き)ましたか。

....

③ 翔(しょう)さんは　中学校(ちゅうがっこう)に　入(はい)る　前(まえ)に、日本(にほん)に　来(き)ましたか。中学校(ちゅうがっこう)に　入(はい)ってから、日本(にほん)に　来(き)ましたか。

....

④ はるかさんは　中学校(ちゅうがっこう)の　とき、インターハイに　出(で)ましたか。高校(こうこう)の　とき、出(で)ましたか。

....

⑤ はるかさんは　何(なん)さいの　とき、アメリカに　行(い)きましたか。

....

⑥ はるかさんは　大学(だいがく)を　そつぎょうする　前(まえ)に、デザインスクールに　りゅうがくしましたか。そつぎょうしてから、りゅうがくしましたか。

....

⑦ 翔(しょう)さんは　大学(だいがく)を　そつぎょうする　前(まえ)に、IT ビジネスを　はじめましたか。そつぎょうしてから、はじめましたか。

....

⑧ はるかさんは　デザインスクールを　そつぎょうする　前(まえ)に、翔(しょう)さんと　しりあいましたか。そつぎょうしてから、しりあいましたか。

....

LISTENING CHALLENGE

Listen to the audio.

1. Write down the names of the places or things shown in the illustrations.

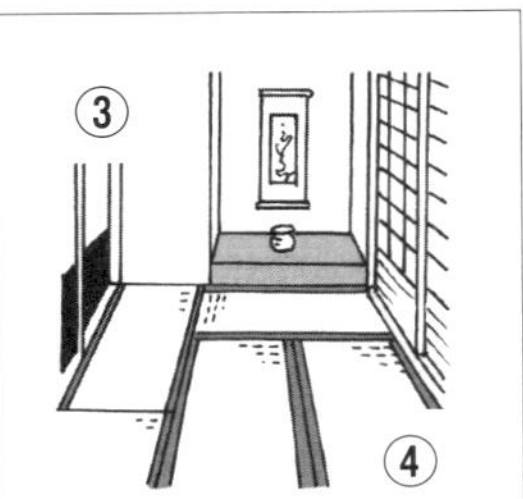

① ....

② ....

③ ....

④ ....

⑤ ....

⑥ ....

2. Write T if the statement is correct and F if it is incorrect.

Anna is a foreign exchange student who has just arrived at Kato's place to homestay for a month. Anna and Kato's wife are talking.

① (　　) げんかんに　入る(はい)　前(まえ)に、くつを　ぬぎます。

② (　　) うちに　入(はい)ってから、げんかんで　くつを　ぬぎます。

③ (　　) スリッパは　うちの　中(なか)で　はきます。

④ (　　) わしつに　入る(はい)　前(まえ)に、スリッパを　ぬぎます。

⑤ (　　) わしつに　入(はい)ってから、スリッパを　ぬぎます。

⑥ (　　) トイレには　トイレようの　スリッパが　あります。

⑦ (　　) スリッパで　バルコニーに　出(で)ます。

VOCABULARY

| げんかん entrance | スリッパ slippers | たたみ tatami mat |

LESSON 11 Your Japanese Will Get Better

PRACTICE ① ～く／に　なります

Complete the sentences following the pattern of the example and based on the information provided.

e.g. りょうりが　<u>おいしく　なりました</u>。

① へやが ....。

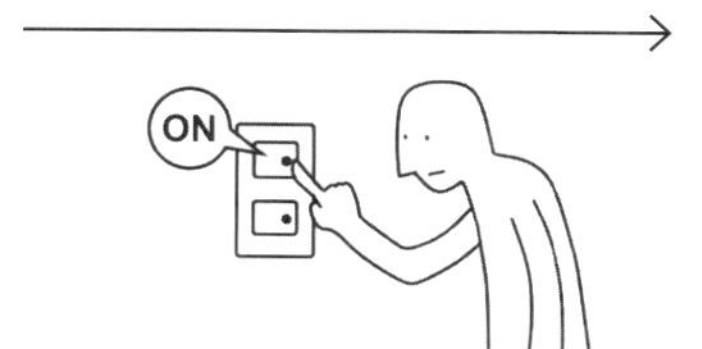

② Tシャツが ....。

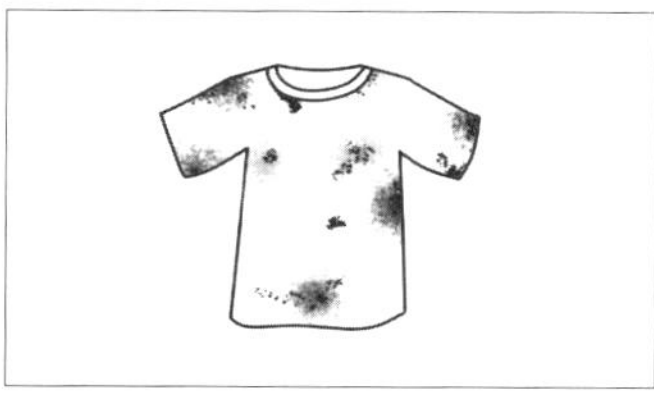

③ Aさんが ....。

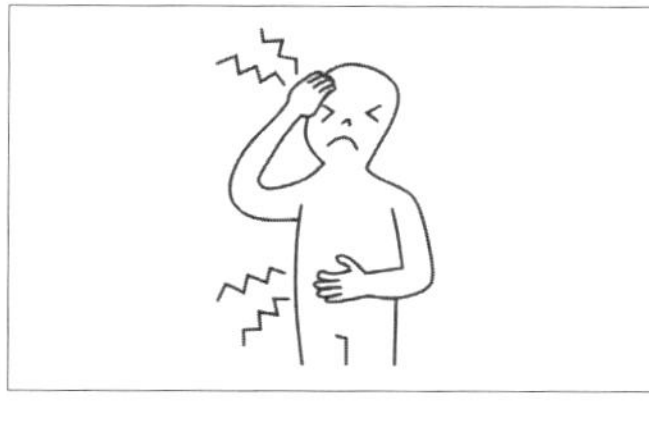

④ 木(き)が ....。

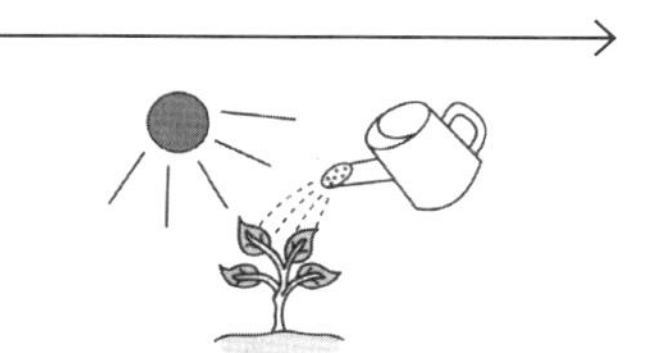

⑤ 子(こ)どもが ....。

PRACTICE ② ～とき

Complete the sentences following the pattern of the example and based on the information provided by choosing the appropriate phrase from the box and changing it to the appropriate form. The words can be used only once.

会う(あ)　おわる　もらう　わかれる　~~はじめる~~　出る(で)　入る(はい)　あげる　よぶ

e.g. 食事(しょくじ)を　はじめる　とき、「いただきます」と　いいます。

① あさ、人(ひと)に ……………………、「おはようございます」と　いいます。

② 人(ひと)と ……………………、「さようなら」と　いいます。

③ さきに　会社(かいしゃ)を ……………………、「おさきに　しつれいします」と　いいます。

④ 食事(しょくじ)が ……………………、「ごちそうさまでした」と　いいます。

⑤ プレゼントを ……………………、「ありがとうございます」と　いいます。

⑥ プレゼントを ……………………、「どうぞ」と　いいます。

⑦ みせの　人(ひと)を ……………………、「すみません」と　いいます。

⑧ ほかの　人(ひと)の　へやに ……………………、「しつれいします」と　いいます。

VOCABULARY

わかれる（R2）　part with

PRACTICE ③　～とき

Read the passage and answer the questions below.

Kato went to Singapore with his wife.

わたしは　先月（せんげつ）　つまと　シンガポールに　行（い）きました。
シンガポールで　つまは　たくさん　かいものを　しました。

日本（にほん）に　帰（かえ）る　とき、わたしは　ひこうきの　中（なか）で　えいがを　見（み）ました。
わたしが　えいがを　見（み）ていた　とき、つまは　きないはんばいの　カタログを　見（み）ていました。

わたしは　えいがが　おわってから、　ずっと　ねていました。

ひこうきを　おりた　とき、つまは　めんぜいひんの　ふくろを　３つ　もっていました。

① 加藤（かとう）さんの　おくさんは　シンガポールで　何（なに）を　しましたか。

② 日本（にほん）に　帰（かえ）る　とき、加藤（かとう）さんは　ひこうきの　中（なか）で　何（なに）を　しましたか。

③ 加藤（かとう）さんが　えいがを　見（み）ていた　とき、おくさんは　何（なに）を　していましたか。

④ ひこうきを　おりた　とき、おくさんは　何（なに）を　もっていましたか。

VOCABULARY

| きないはんばい　in-flight sales | めんぜいひん　duty-free goods |

LISTENING CHALLENGE

037-040

Listen to the audio and answer the questions.
Kato and Emma are talking during their break.

1. ① What is the season? Circle the correct statement.

a. はる　　b. なつ　　c. あき　　d. ふゆ

② Write T if the statement is correct and F if it is incorrect.

a. (　　　) さくらは　まだです。

b. (　　　) 加藤(かとう)さんは　今年(ことし)も　うちで　花見(はなみ)を　します。

c. (　　　) 加藤(かとう)さんの　うちの　となりに　ちゅうしゃじょうが　あります。

2. ① What is the season? Circle the correct statement.

a. はる　　b. なつ　　c. あき　　d. ふゆ

② Write T if the statement is correct and F if it is incorrect.

a. (　　　) エマさんは　なつやすみに　キャンプに　行(い)きたいと　おもっています。

b. (　　　) エマさんは　はるに　川(かわ)に　キャンプに　行(い)きました。

c. (　　　) さいきん　キャンプは　ふべんに　なりました。

3. ① What is the season? Circle the correct statement.

a. はる　　b. なつ　　c. あき　　d. ふゆ

② Write T if the statement is correct and F if it is incorrect.

a. (　　　) 今年(ことし)の　なつは　すずしかったです。

b. (　　　) 加藤(かとう)さんは　あつい　ときに　うみに　行(い)きたいと　おもっています。

c. (　　　) エマさんは　にぎやかな　うみより　しずかな　うみの　ほうが　すきです。

4. ① What is the season? Circle the correct statement.

a. はる　　b. なつ　　c. あき　　d. ふゆ

② Write T if the statement is correct and F if it is incorrect.

a. (　　　) 加藤(かとう)さんは　おしょうがつに　スキーに　行(い)きます。

b. (　　　) エマさんは　スキーに　行(い)きたくないと　おもっています。

c. (　　　) 加藤(かとう)さんは　1月(がつ)から　しごとが　いそがしく　なります。

READING CHALLENGE

Read the passage and answer the questions.

Anna wrote an essay.

ホームステイの　思い出

わたしは　先月　東京で　ホームステイを　しました。ホストファミリーに　会う　とき、とても　ドキドキしました。はじめて　日本の　りょうりを　食べた　とき、あまり　おいしくないと　おもいましたが、だんだん　すきに　なりました。ホームステイを　して、日本人の　友だちも　たくさん　できました。日本を　はなれる　とき、くうこうで　ホストファミリーに　また　来ると　やくそくしました。

① アナさんは　いつ　東京で　ホームステイを　しましたか。

....

② アナさんは　ホストファミリーに　会う　とき、どんな　気もちでしたか。

....

③ アナさんは　はじめて　日本の　りょうりを　食べた　とき、どう　おもいましたか。

....

④ アナさんは　日本を　はなれる　とき、くうこうで　ホストファミリーに　どんな　やくそくを　しましたか。

....

VOCABULARY

ホームステイ	homestay	ドキドキする	be excited, nervous	やくそくする	promise
おもいで	memory, recollection	だんだん	gradually	きもち	feelings
ホストファミリー	host family	はなれる（R2）	leave		

LESSON 12 A Lounge that Overlooks Osaka Castle

PRACTICE ① Forming modifying clauses

Complete the dialogues following the pattern of the example and based on the information provided.

At the venue of JBP Japan's party, Sato, an employee of JBP Japan, is asking questions to his colleague Yamashita.

e.g. 佐藤：社長と　話を　している　人は　だれですか。

山下：ABC フーズの　グリーンさんです。

① 佐藤：……………………………………

山下：ABC フーズの　佐々木さんです。

② 佐藤：……………………………………

山下：ABC フーズの　加藤さんです。

③ 佐藤：……………………………………

山下：ABC フーズの　中村さんです。

④ 佐藤：……………………………………

山下：ABC フーズの　スミスさんです。

⑤ 佐藤：……………………………………

山下：ABC フーズの　鈴木さんです。

PRACTICE ② Forming modifying clauses

Complete the sentences following the pattern of the example.

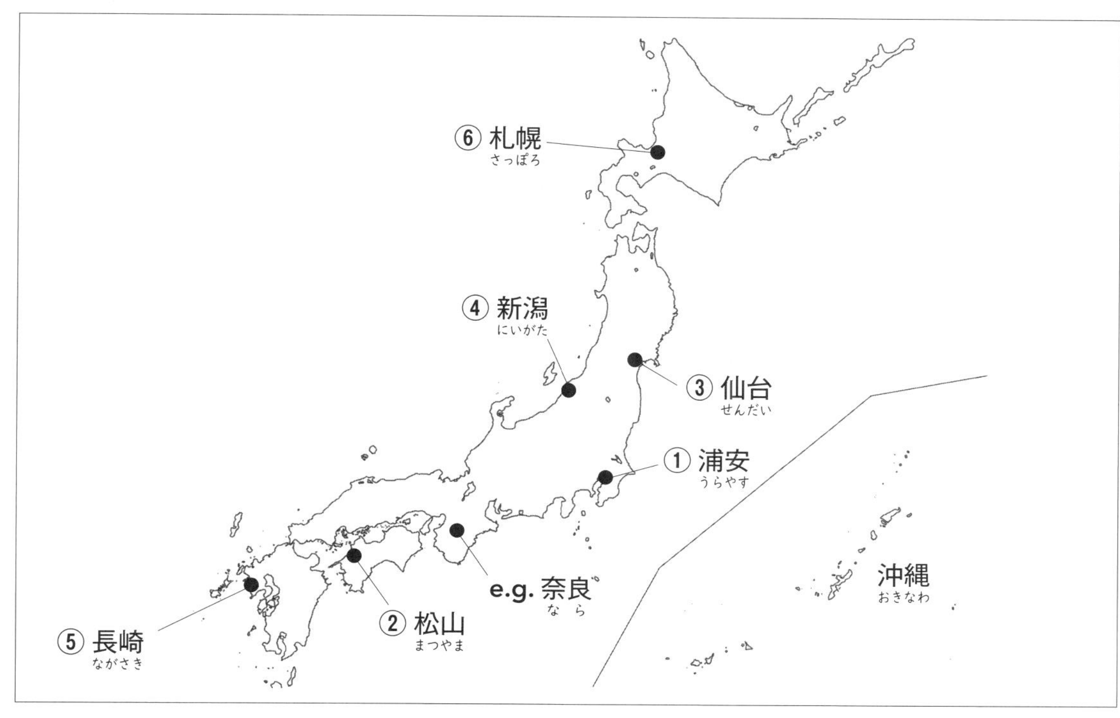

e.g. ここは　奈良(なら)です。<u>ふるい　おてらや　だいぶつが　ある</u>　ところです。
（ふるい　おてらや　だいぶつが　あります）

① ここは　浦安(うらやす)です。..　ところです。
（東京(とうきょう)ディズニーランドが　あります）

② ここは　松山(まつやま)です。..　ところです。
（日本(にほん)で　いちばん　ふるい　おんせんが　あります）

③ ここは　仙台(せんだい)です。..　ところです。
（たなばたまつりが　ゆうめいです）

④ ここは　新潟(にいがた)です。..　ところです。
（おこめや　おさけを　つくっています）

⑤ ここは　長崎(ながさき)です。..　ところです。
（えどじだいに　オランダ人(じん)が　すんでいました）

⑥ ここは　札幌(さっぽろ)です。..　ところです。
（毎年(まいとし)　２月(がつ)に　ゆきまつりが　あります）

VOCABULARY

とうきょうディズニーランド　Tokyo Disneyland
たなばたまつり　Tanabata Festival (celebrated on July 7)
(お)こめ　rice
えどじだい　Edo period (1603-1868)
じだい　period, age
オランダじん　the Dutch
オランダ　the Netherlands

PRACTICE ③ ～に ～回(かい)

Make up sentences following the pattern of the example and based on the information provided.

e.g. 佐々木(ささき)、 1回(かい)／週(しゅう)

① エマ、 1回(かい)／2日(か)

② 中村(なかむら)、 1回(かい)／月(つき)

③ 鈴木(すずき)、 2回(かい)／年(ねん)

④ チャン、 3回(かい)／1日(にち)

⑤ 田中(たなか)、 2回(かい)／1日(にち)

⑥ ラジャ、 2回(かい)／週(しゅう)

⑦ グリーン、 1回(かい)／3日(か)

⑧ スミス、 1回(かい)／2週間(しゅうかん)

e.g. 佐々木(ささき)さんは 週(しゅう)に 1回(かい) かいものを します。

LISTENING CHALLENGE

041, 042

Listen to the audio and fill in the blanks with what you hear.

1. Nakamura speaks to Smith.

中村(なかむら)　：スミスさんは　何(なに)か　うんどうを　していますか。

スミス：ええ、①＿＿＿＿＿＿＿＿　ジョギングを　しています。

中村(なかむら)　：どこを　はしるんですか。

スミス：②＿＿＿＿＿＿＿＿　こうえんです。

中村(なかむら)　：どのくらい　はしるんですか。

スミス：③＿＿＿＿＿＿＿＿　です。

2. Smith is talking to Nakamura during their lunch break.

スミス：この　ちかくに　①＿＿＿＿＿＿＿＿　みせが　ありますか。

中村(なかむら)　：駅前(えきまえ)の　デパートは　どうですか。
②＿＿＿＿＿＿＿＿　ワインショップは　とても大(おお)きくて、いろいろな　ワインを　うっていますよ。

スミス：デパートで　ワインを　うっているんですか。

中村(なかむら)　：ええ。あの　デパートには　③＿＿＿＿＿＿＿＿　ワインショップが　入(はい)っているんです。プレゼントですか。

スミス：ええ。今日(きょう)は　④＿＿＿＿＿＿＿＿、パーティーを　するんです。

中村(なかむら)　：いいですね。

READING CHALLENGE

Read the passage and answer the questions.

1.

中村(なかむら)さんは　新宿(しんじゅく)に　ある　こうそうマンションに　すんでいます。中村(なかむら)さんは　この　マンションが　とても　気(き)に入(い)っています。ながめが　いいからです。中村(なかむら)さんの　へやの　南(みなみ)の　まどから　東京(とうきょう)タワーが　見(み)えます。西(にし)の　まどから　富士山(ふじさん)が　見(み)えます。

① 中村(なかむら)さんの　へやの　南(みなみ)の　まどから　何(なに)が　見(み)えますか。

....

② 中村(なかむら)さんの　へやの　西(にし)の　まどから　何(なに)が　見(み)えますか。

....

2.

チャンさんは　毎年(まいとし)　なつに　沖縄(おきなわ)の　小(ちい)さい　しまに　行(い)きます。青(あお)い　うみと　しろい　ビーチが　とても　きれいな　しまです。めずらしい　しょくぶつも　あります。その　しまで　ダイビングを　したり、さかなつりを　したり　します。よるは　しまに　一(ひと)つだけ　ある　小(ちい)さい　ホテルに　とまります。まどから　ほしが　見(み)えます。そして、一晩中(ひとばんじゅう)　なみの　音(おと)が　聞(き)こえます。

① チャンさんが　毎年(まいとし)　なつに　行(い)く　ところは　どこですか。

....

② チャンさんは　そこで　何(なに)を　しますか。

....

③ チャンさんが　とまる　ホテルは　一晩中(ひとばんじゅう)　何(なに)が　聞(き)こえますか。

....

VOCABULARY

こうそう	high-rise	しょくぶつ	plant	ひとばんじゅう	all night long
ながめ	view	さかなつり	fishing	なみ	wave
めずらしい	unique, rare, unusual	ほし	star		

FURTHER PRACTICE 4

READING & WRITING

Read Naomi's blog and leave a comment.

ナオミの　ブログ

9月10日
高校の　ときの　友だち

9月に　なりました。日本に　来てから
もう　5か月　たちました。

高校生の　とき、わたしの　クラスに　日本から　りゅうがくせいが　来ました。その　人の　名前は　さつきさんです。さつきさんは　あかるくて　フレンドリーな　人です。わたしたちは　すぐ　友だちに　なりました。さつきさんは　わたしたちの　高校に　来た　とき、えいごが　あまり　上手じゃありませんでした。でも、どんどん　上手に　なりました。さつきさんは　わたしたちの　高校で　1年間　べんきょうを　しました。

さつきさんは　今　秋田に　すんでいます。去年　子どもが　生まれて、お母さんに　なりました。きのう　さつきさんと　電話で　話しました。子どもが　生まれてから、毎日　とても　いそがしくなったと　いっていました。カナダに　帰る　前に、秋田に　行って、さつきさんに　会いたいと　おもっています。

VOCABULARY

たつ	pass	どんどん	very quickly
りゅうがくせい	student from abroad, international student	あきた	Akita (prefecture)
さつき	Satsuki (first name)		

コメント１

こんにちは。わたしは　高(こう)２の　女(おんな)の子(こ)です。わたしの　いちばんの　友(とも)だち、キャシーを　しょうかいします。ニュージーランド人(じん)の　りゅうがくせいで、去年(きょねん)　わたしの　高校(こうこう)に　来(き)ました。せが　高(たか)くて、バスケットボールが　とても　上手(じょうず)です。こくさいかんけいの　しごとを　したいと　いっています。キャシーと　友(とも)だちに　なってから、わたしは　えいごが　すきに　なりました。

コメント２

VOCABULARY

キャシー	Cathy	ニュージーランドじん	New Zealander, Kiwi	ニュージーランド	New Zealand
				バスケットボール	basketball

LESSON 13 You Should Go Home Early

PRACTICE ① ～ほうが　いいです

Make up dialogues following the pattern of the example and based on the information provided.

A is going to a job interview. B is giving him advice.

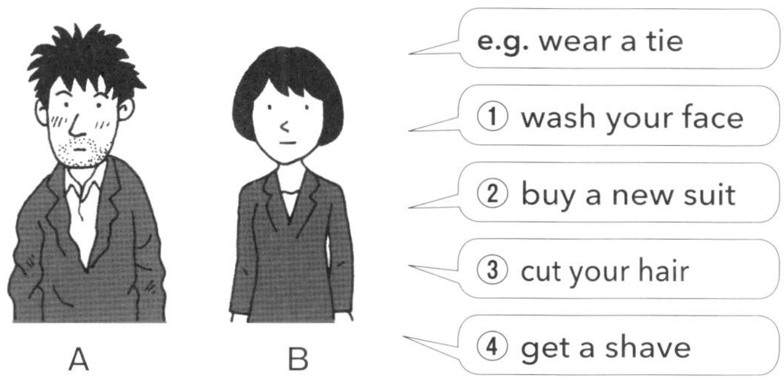

e.g. A：会社(かいしゃ)の　めんせつを　うけるんです。

B：<u>ネクタイを　した</u>　ほうが　いいですよ。

PRACTICE ② ～ほうが　いいです

Make up dialogues following the pattern of the example and based on the information provided. Substitute the underlined part with the appropriate forms of the alternatives given.

A is traveling abroad for the first time. B is giving advice.

e.g. A：はじめて　海外旅行(かいがいりょこう)に　行(い)くんです。

B：<u>くすりを　もっていった</u>　ほうが　いいですよ。

VOCABULARY

めんせつ　interview

PRACTICE ③ ～ほうが　いいです

Read the passage and make up sentences following the pattern of the example.

スミスさんは　あした　はじめて　富士山(ふじさん)に　のぼります。富士山(ふじさん)は　3,776 メートルです。ちかくの　まちは　30 度(ど)ですが、富士山(ふじさん)の　ちょうじょうは 10 度(ど)です。スミスさんは　半(はん)そでの　シャツを　きて、ショートパンツを　はきます。ぼうしを　かぶりません。レインコートを　もっていきません。加藤(かとう)さんは　富士山(ふじさん)に　のぼった　ことが　あるので、スミスさんに　アドバイスを　しています。

e.g. 長(なが)そでの　シャツを　きた　ほうが　いいですよ。
（長(なが)そでの　シャツを　きます）

① ....
（長(なが)い　ズボンを　はきます）

② ....
（ぼうしを　かぶります）

③ ....
（レインコートを　もっていきます）

PRACTICE ④ ～く／に

Make up sentences following the pattern of the example and based on the information provided.

e.g. 小(ちい)さい

きります

① 大(おお)きい

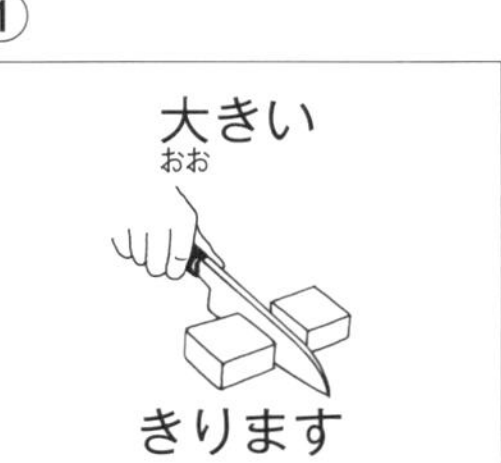

きります

② うすい

きります

③ あつい

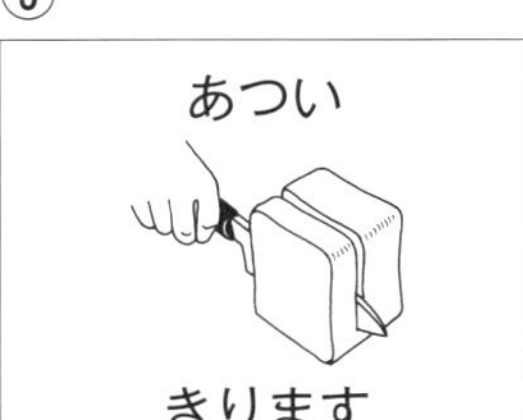

きります

④ しかくい

きります

⑤ まるい

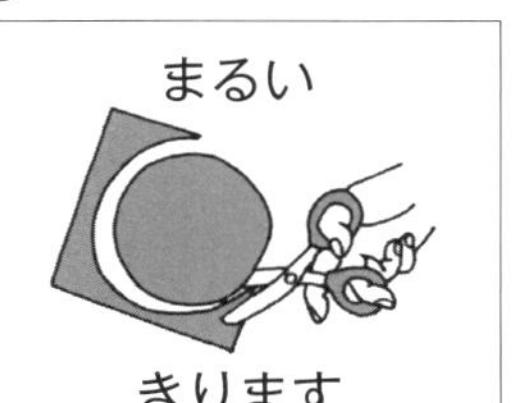

きります

⑥ きれい

つつみます

⑦ しずか

あるきます

e.g. 小(ちい)さく　きってください。

VOCABULARY

ちょうじょう	summit	ショートパンツ	short pants	ながそで	long sleeves
はんそで	short sleeves	レインコート	raincoat	ズボン	pants

PRACTICE ⑤ ～ほうが　いいです　～く／に

Read the dialogue and write T if the statement below is true and F if it is false.
Suzuki is talking with his cousin Yuto.

優人：４月から　大学生に　なります。

鈴木：おめでとうございます。

優人：ありがとうございます。今から　とても　楽しみです。大学の　サークルで　アメフトを　したり、いろいろな　アルバイトを　したり、友だちと　海外旅行を　したり　したいです。

鈴木：いいですね。でも、毎日　じゅぎょうに　出た　ほうが　いいですよ。私は　学生の　とき　まじめに　べんきょうしなかったので、今　こうかいしています。

優人：そうですか。まじめに　べんきょうします。

① （　　）優人さんは　４月に　大学に　入学します。

② （　　）優人さんは　大学の　サークルで　アメフトを　したいと　思っています。

③ （　　）優人さんは　いろいろな　アルバイトを　したいと　思っています。

④ （　　）優人さんは　友だちと　海外旅行を　したいと　思っています。

⑤ （　　）鈴木さんは　学生の　とき　まじめに　べんきょうしました。

VOCABULARY

ゆうと　Yuto (first name)
サークル　club
アメフト（アメリカンフットボール）American football
こうかいする　regret

LISTENING CHALLENGE

043-045

Listen to the audio. Write T if the statement is correct and F if it is incorrect.

1. Nakamura and Suzuki are talking at the office.

① (　　) 鈴木(すずき)さんは　カードを　なくしました。

② (　　) 鈴木(すずき)さんは　会社(かいしゃ)に　来(く)る　とき、カードを　つかいました。

③ (　　) 鈴木(すずき)さんは　会社(かいしゃ)の　ちかくの　コンビニで　カードを　つかいました。

④ (　　) 鈴木(すずき)さんは　もう　カード会社(かいしゃ)に　電話(でんわ)を　しました。

2. Smith and Emma are talking at the office.

① (　　) エマさんは　かぜを　ひきました。

② (　　) エマさんは　ねつが　あります。

③ (　　) エマさんは　きのうから　せきが　出(で)ています。

④ (　　) エマさんは　もう　くすりを　飲(の)みました。

3. Raja and Nakamura are talking.

① (　　) ラジャさんは　8月(がつ)に　沖縄(おきなわ)に　行(い)きます。

② (　　) ラジャさんは　もう　ホテルの　よやくを　しました。

READING CHALLENGE

Read the passage and follow the instructions.

小山(こやま)さんは　よく　ざんぎょうを　します。ざんぎょうを　しない　ときは、仕事(しごと)の　後(あと)、どうりょうと　飲(の)みに　行(い)きますから、毎日(まいにち)　12時(じ)ごろ　うちに　帰(かえ)ります。週末(しゅうまつ)は　おそく　おきて、うちで　ゲームを　したり、えいがを　見(み)たり　します。学生(がくせい)の　ときは　毎日(まいにち)　ジョギングを　していましたが、今(いま)は　ぜんぜん　していません。ポテトチップスが　だいすきなので、毎日(まいにち)　ポテトチップスを　食(た)べます。ハンバーガーも　よく　食(た)べます。やさいは　ぜんぜん　食(た)べません。月(つき)に　1回(かい)　ジムに　行(い)って、かるく　うんどうを　します。

1. Answer the questions.

① 小山(こやま)さんは　ざんぎょうが　ない　とき、何(なに)を　しますか。

....

② 小山(こやま)さんは　毎日(まいにち)　何時(なんじ)ごろ　うちに　帰(かえ)りますか。

....

③ 小山(こやま)さんは　週末(しゅうまつ)に　はやく　おきますか。

....

④ 小山(こやま)さんは　週末(しゅうまつ)に　うちで　何(なに)を　しますか。

....

⑤ 小山(こやま)さんは　学生(がくせい)の　とき、毎日(まいにち)　何(なに)を　していましたか。

....

⑥ 小山(こやま)さんは　毎日(まいにち)　何(なに)を　食(た)べますか。

....

⑦ 小山(こやま)さんは　よく　やさいを　食(た)べますか。

....

2. Koyama is not feeling well recently. Give advice to Koyama.

e.g. もっと　はやく　うちに　帰(かえ)った　ほうが　いいですよ。

VOCABULARY

こやま	Koyama (surname)	ポテトチップス	potato chips

LESSON 14 I Have to Carry Them

PRACTICE ① ～なければ　なりません

Complete the sentences following the pattern of the example by choosing the appropriate word from the box and changing it to the appropriate form. The words can be used only once.

~~もっていく~~	おくる	きめる	つくる	ほんやくする

e.g. のぞみデパートに　しんしょうひんの　サンプルを　<u>もっていかなければ　なりません</u>。

① 加藤(かとう)さんに　そうだんして、プレゼンの　日(ひ)を　……………………。

② しんしょうひんの　パンフレットの　げんこうを　えいごに　……………………。

③ クリスマスカードの　おくり先(さき)の　リストを　……………………。

④ あしたの　会議(かいぎ)の　しりょうを　メールで　……………………。

PRACTICE ② ～なければ　なりません　～なくても　いいです

Complete the dialogues following the pattern of the example and based on the information provided.

Yamada, an employee at Company A, is talking with White, who works at Company B.

		山田(やまだ)：A社(しゃ)	ホワイト：B社(しゃ)
e.g.	きんむ時間(じかん)	９時(じ)から　５時(じ)まで	フレックス
①	ざんぎょう	週(しゅう)に　２回(かい)ぐらい	しなくても　いい
②	出張(しゅっちょう)	毎月(まいつき)	あまり　ない
③	会議(かいぎ)	毎日(まいにち)	ときどき　オンライン会議(かいぎ)
④	英語(えいご)	社員(しゃいん)は　あまり　話(はな)せない	社員(しゃいん)は　みんな　上手(じょうず)

VOCABULARY

げんこう	manuscript	きんむじかん	working hours	まいつき	every month
ほんやくする	translate	きんむ	work, duty		
おくりさき	mailing address	フレックス	flexi time		

e.g. 山田(やまだ)　：私(わたし)は　毎朝(まいあさ)　9時(じ)までに　会社(かいしゃ)に　<u>行(い)かなければ　なりません</u>。
（行(い)く）

ホワイト：私(わたし)は　フレックスですから、9時(じ)に　会社(かいしゃ)に　<u>行(い)かなくても　いいんです</u>。
（行(い)く）

① 山田(やまだ)　：A社(しゃ)の　きんむ時間(じかん)は　5時(じ)までですが、いそがしいですから、週(しゅう)に　2回(かい)ぐらい　……………………。
（ざんぎょうする）

ホワイト：そうですか。たいへんですね。B社(しゃ)は　ざんぎょうは　……………………。
（する）

私(わたし)は　毎日(まいにち)　8時間(じかん)だけ　仕事(しごと)を　しています。

② 山田(やまだ)　：私(わたし)は　出張(しゅっちょう)が　すきじゃないんですが、毎月(まいつき)　……………………。
（出張(しゅっちょう)する）

ホワイト：そうなんですか。私(わたし)は　出張(しゅっちょう)が　すきなので　行(い)きたいんですが、あまり　ないんです。

③ 山田(やまだ)　：A社(しゃ)は　毎日(まいにち)　会議(かいぎ)が　あります。
毎日(まいにち)　会議(かいぎ)に　……………………。
（しゅっせきする）

ホワイト：私(わたし)は　ときどき　オンライン会議(かいぎ)を　していますよ。

④ 山田(やまだ)　：ホワイトさんは　日本語(にほんご)が　上手(じょうず)ですね。会社(かいしゃ)では　日本語(にほんご)を　話(はな)しているんですか。

ホワイト：B社(しゃ)の　人(ひと)は　みんな　英語(えいご)が　上手(じょうず)なので、私(わたし)は　日本語(にほんご)を　……………………。
（話(はな)す）

山田(やまだ)　：そうですか。A社(しゃ)の　社員(しゃいん)は　あまり　英語(えいご)が　話(はな)せないので、外国人社員(がいこくじんしゃいん)も　日本語(にほんご)を　……………………。
（話(はな)す）

ホワイト：そうなんですか。

PRACTICE ③ 〜ていません

Complete the dialogues following the pattern of the example by choosing the appropriate word from the box and changing it to the appropriate form. The words can be used only once.

~~読む~~	つくる	ねつが　下がる	もらう	よやくできる

e.g. スミス：あたらしい　プロジェクトについて　どう　思いますか。
鈴木　：すみません、まだ　しりょうを　<u>読んでいない</u>んです。すぐ　読みます。

① In the morning, Suzuki, who took sick leave yesterday, calls Kato, his superior.

加藤：鈴木さん、だいじょうぶですか。
鈴木：すみません。まだ　＿＿＿＿＿＿＿＿＿＿ので、もう　一日　休みます。
加藤：わかりました。どうぞ　お大事に。

② 鈴木　：きのう　メールで　おくった　しりょう、読みましたか。
スミス：え？　きのう　鈴木さんから　メールは　＿＿＿＿＿＿＿＿＿＿と思うんです。すみませんが、もう　一度　おくってください。

③ 鈴木　：もう　８時ですよ。帰りませんか。
スミス：まだ　プレゼンの　ハンドアウトを　＿＿＿＿＿＿＿＿＿＿んです。どうぞ　お先に。

④ 鈴木　：スミスさんは　夏休みに　沖縄に　行くんですよね。
スミス：ええ。でも　ひこうきの　チケットは　買ったんですが、ホテルは　いっぱいで、まだ　＿＿＿＿＿＿＿＿＿＿んです。はやく　よやくしたいんですが・・・。

VOCABULARY

すぐ	now, right away	ハンドアウト	handout	いっぱい	full

LISTENING CHALLENGE

 046-048

Listen to the audio.

1. Answer the questions.
Smith talks to Nakamura at work.

① 中村(なかむら)さんは　もう　昼(ひる)ごはんを　食(た)べましたか。

……………………………………

② 中村(なかむら)さんは　今日(きょう)　いそがしいですか。

……………………………………

③ だれが　しりょうの　かくにんを　しますか。

……………………………………

2. Write T if the statement is correct and F if it is incorrect.
Kato talks to Nakamura at work.

① (　　) 中村(なかむら)さんは　まだ　会議(かいぎ)の　レポートを　書(か)いていません。

② (　　) 中村(なかむら)さんは　今日中(きょうじゅう)に　会議(かいぎ)の　レポートを　書(か)かなければ　なりません。

3. Fill in the blanks with what you hear.
Smith is talking with people from the Yokohama branch.

横浜支社(よこはまししゃ)の　人(ひと)：つぎの　うちあわせは　いつに　しましょうか。

スミス：すみません。今(いま)　①……………………………………。
じょうしに　そうだんしてから　きめたいんですが。

横浜支社(よこはまししゃ)の　人(ひと)：わかりました。今(いま)　②……………………………………よ。
じゃ、メールで　つごうが　いい　日(ひ)を
③……………………………………。

スミス：はい、ありがとうございます。

READING CHALLENGE

Read the passage and answer the questions.

私(わたし)の　すんでいる　まちの　ごみの　出(だ)しかた

はじめに　リサイクルできる　ごみと　リサイクルできない　ごみに　分(わ)けなければ　なりません。スーパーには　リサイクルできる　ごみを　あつめる　ところが　あります。ペットボトル、ぎゅうにゅうパック、かん、びんなどに分(わ)けて、入(い)れます。

つぎに、リサイクルできない　ごみは　もえる　ごみと　もえない　ごみに分(わ)けなければ　なりません。ごみは　しや　くの　車(くるま)が　あつめに　来(き)ますが、ごみの　しゅるいによって　出(だ)せる　日(ひ)が　ちがいます。

ごみの　分(わ)けかたは　すんでいる　ところによって　ちがいます。あなたがすんでいる　まちでは、どうやって　ごみを　出(だ)していますか。

① リサイクルできる　ごみには　どんな　ものが　ありますか。

....

② リサイクルできる　ごみを　あつめる　ところは　どこに　ありますか。

....

③ リサイクルできない　ごみは　何(なに)と　何(なに)に　分(わ)けますか。

....

④ リサイクルできない　ごみは　しゅるいによって　何(なに)が　ちがいますか。

....

⑤ ごみの　分(わ)けかたは　どこでも　おなじですか。

....

VOCABULARY

ごみ	trash	ペットボトル	plastic bottle	しゅるい	type
だしかた	how to put out	ぎゅうにゅうパック	milk carton	～によって	according to . . . , depending on . . .
だす	put out	かん	can		
はじめに	first, in the beginning	びん	bottle	ちがう	differ
リサイクルする	recycle	つぎに	next	わけかた	how to separate
わける（R2）	sort, separate	もえる（R2）	burn, burnable		
あつめる（R2）	gather, collect	く	ward		

LESSON 15 I'm Relieved It Ended Without Any Problems

PRACTICE ① ～て／で

Make up dialogues following the pattern of the example and based on the information provided. Substitute the underlined parts with the appropriate forms of the alternatives given.

e.g.

①

②

③

④

e.g. A：その マグカップ、いいですね。

B：ええ。かるくて、とても 気に入っています。

PRACTICE ② ～て／で

Make up dialogues following the pattern of the example and based on the information provided. Substitute the underlined parts with the appropriate forms of the alternatives given.

e.g.

①

②

③

④

e.g. A：どう したんですか。

B：あつくて、飲めないんです。

VOCABULARY

リュックサック	backpack
つかいかた	how to use

PRACTICE ③ Expressing emotions

Complete the sentences following the pattern of the example and based on the information provided.

e.g.	①	②	③	④	⑤
be disappointed	be troubled	be angry	be surprised	be happy	be worried

e.g. 仕事(しごと)が　いそがしいので、旅行(りょこう)を　キャンセルしました。
　　つまも　私(わたし)も　<u>がっかりしています</u>。

① となりの　うちの　人(ひと)が　毎晩(まいばん)　うるさいんです。
　　つまも　私(わたし)も　…………………………。

② となりの　うちの　人(ひと)に　「しずかに　してください」と　いいましたが、ぜんぜん　しずかに　なりません。
　　つまも　私(わたし)も　…………………………。

③ むすこが　きゅうに　けっこんすると　いいました。
　　つまも　私(わたし)も　…………………………。

④ むすこに　子(こ)どもが　生(う)まれました。
　　つまは　…………………………。
　　私(わたし)も　…………………………。

⑤ ペットの　いぬが　びょうきに　なりました。
　　つまも　私(わたし)も　…………………………。

VOCABULARY

キャンセルする　cancel

READING CHALLENGE

Read the passage and answer the questions.

1. Honda wrote a blog post.

先月(せんげつ)　あたらしい　うちに　ひっこしました。

ひろい　にわが　あって、とても　気(き)に入(い)っています。週末(しゅうまつ)に　私(わたし)は　ゴルフの　れんしゅうを　しています。子(こ)どもたちは　キャッチボールや　サッカーの　れんしゅうを　しています。先週(せんしゅう)　友(とも)だちを　よんで、にわで　バーベキューを　しました。みんなで　たくさん　食(た)べたり　飲(の)んだり　して、楽(たの)しかったです。

ひっこした　とき、友(とも)だちに　しろい　子(こ)いぬを　もらいました。子(こ)どもたちは　いぬを　かいたいと　いっていたので、とても　よろこびました。もらった　ときは　とても　小(ちい)さかったですが、すぐに　大(おお)きく　なって、びっくりしました。おとなしくて　かわいい　いぬで、かぞくの　アイドルです。

それから、うちの　前(まえ)に　車(くるま)が　とめられます。いつも　買(か)いものを　たくさん　するので、とても　べんりです。

この　うちに　ひっこして、本当(ほんとう)に　よかったです。かぞく　全員(ぜんいん)　とても　よろこんでいます。

① 本田(ほんだ)さんは　週末(しゅうまつ)に　にわで　何(なに)を　していますか。

....

② 本田(ほんだ)さんたちは　先週(せんしゅう)　何(なに)を　しましたか。

....

③ いつから　いぬを　かっていますか。

....

④ どこに　車(くるま)を　とめられますか。

....

VOCABULARY

よぶ	invite
こいぬ	puppy
かう	keep (a pet)
アイドル	darling
ぜんいん	everyone, all the members

2. Tsuchida posted something on social media.

私(わたし)たち　ふうふは　マンションの　高(たか)い　かいに　すんでいます。ながめが　よくて、とても　気(き)に入(い)っています。

いつも　かんりにんが　いるので、安全(あんぜん)です。

いつでも　にもつを　うけとれる　たくはいロッカーが　あります。二人(ふたり)とも　仕事(しごと)で　あまり　うちに　いないので、とても　たすかります。それから、いつでも　ごみが　すてられるので、とても　べんりです。

① 土田(つちだ)さんは　この　マンションの　どんな　ところが　気(き)に入(い)っていますか。

....

② 土田(つちだ)さんは　たくはいロッカーについて　どう　思(おも)っていますか。

....

③ いつ　ごみが　すてられますか。

....

VOCABULARY

ふうふ	married couple	ふたりとも	both of two people	ところ	point, part
かい	floor	いつでも	whenever one likes, anytime		
たくはいロッカー	delivery box				

LISTENING CHALLENGE

049

Listen to the audio and answer the questions.
The Hayashi couple are looking for a new house.

1) Write T if the statement is correct and F if it is incorrect.

① (　　) 林(はやし)さんは　毎日(まいにち)　はやく　帰(かえ)ります。

② (　　) 林(はやし)さんの　うちでは　いつでも　たくはいびんを　うけとる　ことが　できます。

③ (　　) 林(はやし)さんは　休(やす)みの　日(ひ)に　うんどうを　したいと　思(おも)っています。

2) Circle the correct statement.

林(はやし)さんふうふの　あたらしい　うちは　どれが　いいですか。

① いっこだて１

- 3LDK　２かいだて
- ひろい　にわが　ついています。
- ちかくに　こうえんが　あります。

② いっこだて２

- 5LDK　２かいだて
- ひろい　にわと　ガレージが　ついています。

③ マンション１

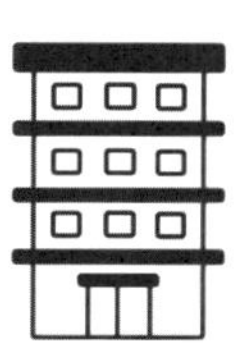

- えきから　とほ　３分(ぷん)
- いつでも　ごみが　すてられます。

④ マンション２

- スポーツジムと　プールが　あります。
- たくはいロッカーが　ついています。

VOCABULARY

いっこだて	independent house	～LDK	. . . room(s) with a living room, dining room and kitchen	２かいだて	two-story
3LDK	three rooms with a living room, dining room and kitchen			ガレージ	garage
				とほ	by foot

FURTHER PRACTICE 5

READING & WRITING

Read Naomi's blog and leave a comment.

ナオミの　ブログ

10月(がつ)5日(か)
ざぜんの　会(かい)

先週(せんしゅう)の　土曜日(どようび)に　京都(きょうと)の　ぜんでらで　ざぜんの　会(かい)が　ありました。この　会(かい)には　毎年(まいとし)　おおぜいの　外国人(がいこくじん)が　ざぜんを　しに　行(い)きます。

私(わたし)も　はじめて　ざぜんを　たいけんしました。朝(あさ)　はやく　おきて、おてらに　行(い)きました。ざぜんが　始(はじ)まる　前(まえ)に、おぼうさんから　ざぜんの　しかたを　ならいました。

せなかを　まっすぐ　のばして　すわりました。それから　手(て)を　おなかの　あたりに　おきました。そして　ゆっくり　こきゅうを　しました。何(なに)も　かんがえませんでした。

ざぜんが　終(お)わってから、おぼうさんの　話(はなし)を　聞(き)きました。それから　みなさんと　いっしょに　朝(あさ)ごはんを　食(た)べました。

その　後(あと)、しゃきょうを　しました。かんじは　むずかしかったですが、ていねいに　書(か)きました。こころが　しずかに　なりました。

VOCABULARY

ざぜん	Zen meditation
かい	meeting
ぜんでら	Zen temple
おおぜい	many people
たいけんする	experience
おぼうさん	Buddhist priest
しかた	how to do, a way
せなかを　まっすぐ　のばして	with one's back straightened
のばす	straighten
こきゅうを　する	breathe
その　あと	after that
しゃきょう	copy the sutra
こころ	mind

コメント１

はじめまして。森田です。今、名古屋の　大学で　日本ぶんがくを　べんきょうしています。中学生の　ときから　ふるい　おてらや　ぶつぞうがすきです。インドの　おてらを　まわった　ことも　あります。大学に入ってからは、休みに　いろいろな　おてらに　行って、ざぜんを　しています。先週　名古屋の　ざぜんの　会で　アメリカの　かたに　会いました。ナオミさんにも　いつか　会いたいです。

コメント２

VOCABULARY

もりた	Morita (surname)	ちゅうがくせい	junior high school student	ぶつぞう	Buddhist statue

LESSON 16 I'm Thinking of Learning Japanese Cooking

PRACTICE ① Volitional form

Write the volitional forms in hiragana following the pattern of the example.

	Dictionary form	Volitional form
pay	はらう	e.g. はらおう
write, draw	かく	①
fix	なおす	②
wait	まつ	③
choose	えらぶ	④
enjoy	たのしむ	⑤
cut	きる	⑥
wear, put on	きる	⑦
throw away	すてる	⑧
memorize	おぼえる	⑨
find	みつける	⑩
think	かんがえる	⑪
continue	つづける	⑫
change jobs	てんしょくする	⑬
come	くる	⑭

PRACTICE ② ～う／ようと 思(おも)っています

Complete the sentences following the pattern of the example and based on the information provided.

e.g. けっこんしようと 思(おも)っています。

① ________________ と 思(おも)っています。

② ________________ と 思(おも)っています。

③ ________________ と 思(おも)っています。

④ ________________ と 思(おも)っています。

⑤ ________________ と 思(おも)っています。

⑥ ________________ と 思(おも)っています。

⑦ ________________ と 思(おも)っています。

PRACTICE ③ ～からの／までの／との／での／への

Complete the sentences following the pattern of the example.

e.g. えいがを　見ます。えいがは　4時からです。

→ <u>4時からの</u>　えいがを　見ます。

① 広島まで　行きます。しんかんせんの　きっぷを　買いたいです。

→ ……………………　しんかんせんの　きっぷを　買いたいです。

② えきに　行きたいです。行きかたを　教えてください。

→ ……………………　行きかたを　教えてください。

③ 日本で　いろいろな　けいけんをしました。けいけんについて　話します。

→ ……………………　いろいろな　けいけんについて　話します。

④ 友だちと　やくそくが　あります。やくそくを　まもります。

→ ……………………　やくそくを　まもります。

⑤ オーストラリアから　日本に　ぎゅうにくを　ゆしゅつします。
ぎゅうにくの　ゆしゅつが　ふえています。

→ ……………………　ぎゅうにくの　ゆしゅつが　ふえています。

⑥ あねに　プレゼントを　もらいました。プレゼントは　とけいでした。

→ ……………………　プレゼントは　とけいでした。

VOCABULARY

きっぷ	ticket	まもる	keep	ゆしゅつ	import
いきかた	directions, how to get to	ゆしゅつする	export		

LISTENING CHALLENGE

🔊 050-053

Listen to the audio. Write T if the statement is correct and F if it is incorrect.

1. Smith and Nakamura are talking in the break room.

① (　　) 中村(なかむら)さんは　日本料理(にほんりょうり)を　習(なら)っています。

② (　　) スミスさんは　日本語(にほんご)を　習(なら)っています。

③ (　　) スミスさんは　ギターを　習(なら)っています。

2. Raja and Emma are talking in the break room.

① (　　) エマさんは　築地(つきじ)に　すんでいます。

② (　　) エマさんの　うちから　会社(かいしゃ)まで　1時間(じかん)ぐらい　かかります。

③ (　　) エマさんは　会社(かいしゃ)から　ちかい　ところに　ひっこそうと　思(おも)って　います。

3. Sasaki and Smith are talking at the office in the morning.

① (　　) 大阪支社(おおさかししゃ)で　けんしゅうが　ありました。

② (　　) スミスさんは　大阪支社(おおさかししゃ)に　行(い)って、けんしゅうを　うけました。

③ (　　) けんしゅうには　ほかの　支社(ししゃ)の　人(ひと)は　いませんでした。

4. Nakamura and Sasaki are talking in front of the office in the morning.

① (　　) 佐々木(ささき)さんの　てぶくろは　あたらしいです。

② (　　) 佐々木(ささき)さんは　むすめさんに　てぶくろを　あげました。

③ (　　) きのうは　佐々木(ささき)さんの　たんじょうびでした。

READING CHALLENGE

Read the passage and answer the questions.

あたらしい　うち

私は　去年の　12月に　あたらしい　うちに　ひっこしました。会社から　とおく　なりましたが、とても　気に入っています。小さい　にわが　あるので、今年は　やさいを　そだててみようと　思っています。うちの　まわりには　みどりが　おおいです。しずかで　とても　いい　ところですが、スーパーが　とおくて　ふべんなので、今年は　車の　めんきょを　とろうと　思っています。

① いつ　ひっこしましたか。

....

② 前の　うちと　あたらしい　うちと　どちらが　会社から　ちかいですか。

....

③ もう　やさいを　そだてましたか。

....

④ どうして　車の　めんきょを　とろうと　思っていますか。
(Use "plain form からです " for the end of the sentence.)

....

VOCABULARY

まわり	around	めんきょ	license
めんきょを　とる	get a driver's license	まえの	former

PRACTICE ① ～の

1. Complete the sentences by choosing whichever is appropriate, のが or のを .

① 加藤さんは　子どもと　あそぶ（　　　　）すきです。
② 鈴木さんに　電話する（　　　　）わすれました。
③ 中村さんは　おかしを　作る（　　　　）上手です。
④ にもつが　とどく（　　　　）まっています。
⑤ スミスさんは　あした　大阪支社に　行く（　　　　）やめました。
⑥ だれかが　うたを　うたっている（　　　　）聞こえます。
⑦ 私は　しゅくだいを　もってくる（　　　　）わすれました。
⑧ バスが　はしっている（　　　　）見えます。

2. Complete the sentences following the pattern of the example.

e.g. 日本語を　べんきょうします
→ 日本語を　べんきょうするのは　おもしろいです。

① いろいろな　人と　話します
→ .... 楽しいです。

② 友だちに　会います
→ .... いつですか。

③ 日本で　仕事を　します
→ .... たいへんです。

④ きのう　パーティーに　来ました
→ .... だれですか。

VOCABULARY

やめる (R2)	decide not to, stop	しゅくだい	homework

PRACTICE ② ～場合(ばあい)

Complete the sentences following the pattern of the example.

e.g. 9時(じ)の　しんかんせんを　よやくしてください。

<u>まんせきの</u>　場合(ばあい)は、10時(じ)の　しんかんせんに　してください。

（まんせきです）

① 10時(じ)に　あつまってください。

…………………………場合(ばあい)は、れんらくしてください。

（おそく　なります）

② 土曜日(どようび)に　こうえんで　花見(はなみ)を　します。

…………………………場合(ばあい)は、中止(ちゅうし)です。（雨(あめ)です）

③ 来週(らいしゅう)の　プレゼンの　じゅんびを　始(はじ)めてください。

…………………………場合(ばあい)は、言(い)ってください。

（しりょうが　ひつようです）

④ ぶちょうに　そうだんしてください。

…………………………場合(ばあい)は、かちょうに　そうだんしてください。

（ぶちょうが　いません）

⑤ 今週中(こんしゅうちゅう)に　レポートを　出(だ)してください。

…………………………場合(ばあい)は、そつぎょうできません。

（今週中(こんしゅうちゅう)に　出(だ)せません）

⑥ たばこを　やめてください。

…………………………場合(ばあい)は、にゅういんしてください。

（たばこを　やめられませんでした）

VOCABULARY

あつまる	gather	たばこ	cigarette
かちょう	section chief	にゅういんする	be hospitalized

PRACTICE ③ 〜ことも　あります

Make up sentences following the pattern of the example and based on the information provided.

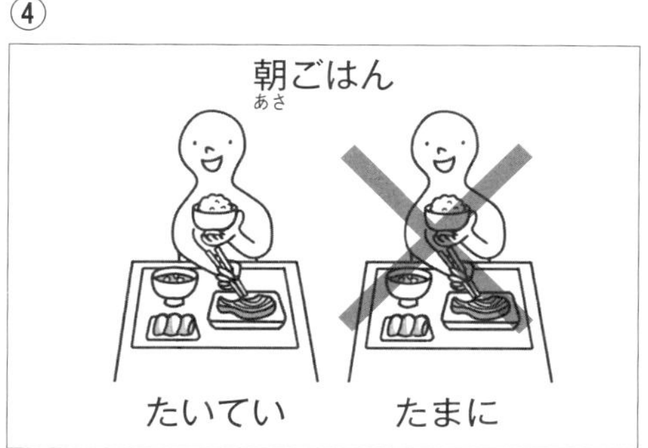

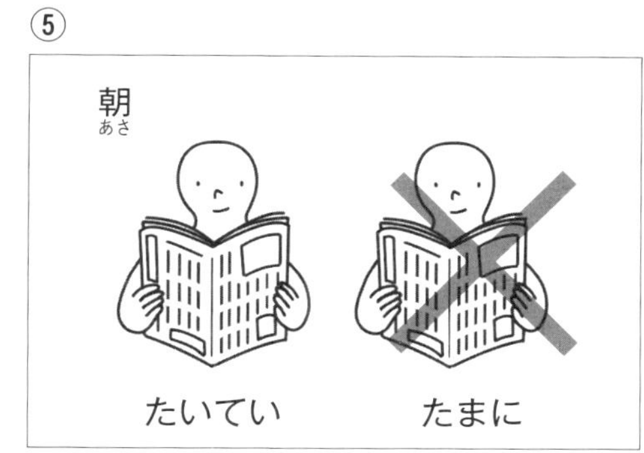

e.g. たいてい　バスで　行きますが、たまに　タクシーで　行く　ことも　あります。

LISTENING CHALLENGE

054

Listen to the audio and fill in the blanks with the names you hear.

先月　佐々木さんが　35 年前に　そつぎょうした　高校の　どうそう会が　ありました。これは　その時の　しゃしんです。佐々木さんが　しゃしんの　せつめいを　しています。

READING CHALLENGE

Read the passage and answer the questions.

1.

エマさんは　たいてい　うちで　朝ごはんを　作って　食べますが、えきの　カフェで　食べる　ことも　あります。えきの　中に　おいしい　サンドイッチと　コーヒーの　みせが　あります。うちで　朝ごはんを　作る　時間が　ない　ときは、いつも　その　みせで　朝ごはんを　食べます。

① エマさんは　たいてい　どこで　朝ごはんを　食べますか。

② えきの　中に　何が　ありますか。

③ どんな　ときに　エマさんは　えきで　朝ごはんを　食べますか。

VOCABULARY

どうそうかい　class reunion

2. Green traveled around Europe with his family during summer vacation. He wrote a letter to his Japanese teacher when he was in Vienna.

> 木村先生(きむらせんせい)
>
> ごぶさたしています。おげんきですか。
>
> 今(いま)　かぞくと　ヨーロッパを　旅行(りょこう)しています。
>
> ３日前(かまえ)に　ウィーンに　つきました。ウィーンは　とても　うつくしい　まちです。
>
> 私(わたし)たちが　とまっているのは、オペラざの　ちかくに　ある　ふるい　ホテルです。私(わたし)たちの　となりの　へやは　ゆうめいな　音楽家(おんがくか)が　とまった　へやです。
>
> おととい　ザルツブルクに　行(い)きました。ザルツブルクは　モーツァルトが　生(う)まれた　まちで、ウィーンから　電車(でんしゃ)で　３時間(じかん)の　ところに　あります。モーツァルトが　すんでいた　家(いえ)を　見(み)てから、モーツァルトの　オペラを　見(み)ました。本当(ほんとう)に　すばらしかったです。
>
> きのう　ウィーンに　もどりました。あした　ドナウ川(がわ)の　クルーズに　行(い)きます。おしろを　見(み)て、来週(らいしゅう)の　金曜日(きんようび)に　日本(にほん)に　帰(かえ)ります。
>
> では、おげんきで。
>
> ７月(がつ) 28日(にち)
>
> フランク・グリーン

① グリーンさんが　この　てがみを　書(か)いたのは　何月何日(なんがつなんにち)ですか。

....

② グリーンさんが　ウィーンに　ついたのは　何月何日(なんがつなんにち)ですか。

....

③ グリーンさんが　とまった　ホテルは　どんな　ホテルですか。

....

④ ザルツブルクは　どんな　まち　ですか。

....

⑤ グリーンさんが　ウィーンに　もどったのは　何月何日(なんがつなんにち)ですか。

....

VOCABULARY

きむら	Kimura (surname)	オペラざ	the Vienna State Opera	ドナウがわ	the Danube River
ごぶさたしています。	It's been a while.	おんがくか	musician	クルーズ	cruise
ウィーン	Vienna	ザルツブルク	Salzburg	フランク	Frank
		モーツァルト	Mozart		

PRACTICE ① ～たら

Complete the dialogues in the illustrations following the pattern of the example and based on the information provided.

e.g.

①

②

PRACTICE ② 〜たら

Complete the sentences following the pattern of the example.

今日(きょう)は、カレーを　作(つく)りましょう。
ざいりょうは　じゃがいも、にんじん、
たまねぎ、肉(にく)、カレールーです。

1）はじめに　やさいを　きれいに　e.g. あらってください。
（あらいます）

2）やさいを　e.g. あらったら、かわを　むいて、小(ちい)さく
（あらいます）

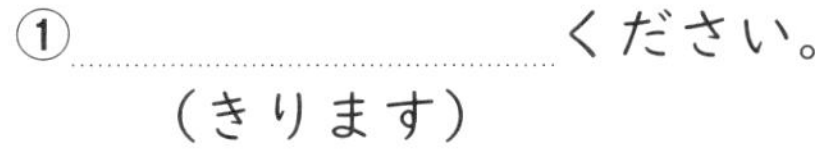

① ______ ください。
（きります）

3）やさいを　② ______、なべに　あぶらを
（きります）

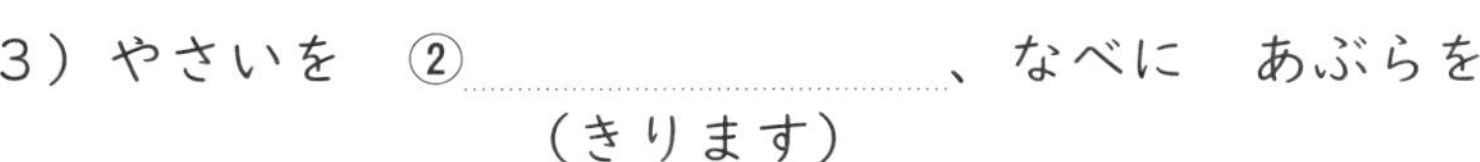

入(い)れて　肉(にく)を　③ ______ ください。
（いためます）

4）肉(にく)を　④ ______、やさいを　入(い)れて　いっしょに
（いためます）

いためます。

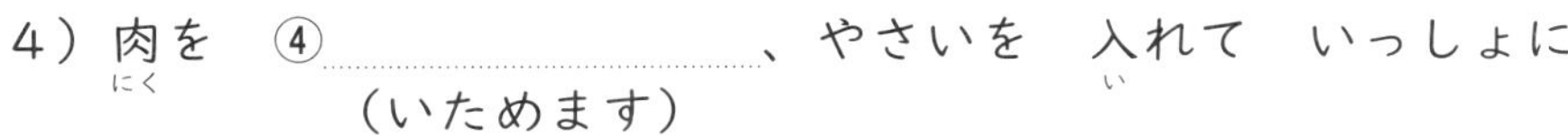

それから、なべに　水(みず)を　⑤ ______ ください。
（入(い)れます）

5）水(みず)を　⑥ ______、やさいが　やわらかく　なるまで
（入(い)れます）

にこんでください。

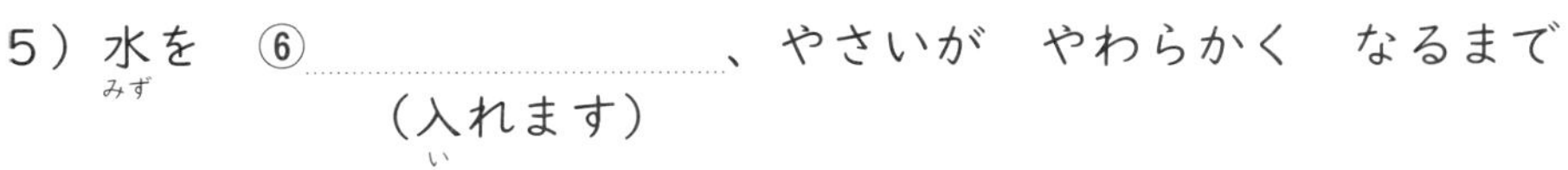

6）やさいが　⑦ ______、カレールーを
（やわらかく　なります）

⑧ ______ ください。
（入(い)れます）

7）とろみが　ついたら、できあがり！

VOCABULARY

ざいりょう	ingredient	たまねぎ	onion	にこむ	simmer, stew
じゃがいも	potato	カレールー	curry mix	とろみが　つく	thickens
にんじん	carrot	かわを　むく	peel		

PRACTICE ③ ～間(あいだ)に

Complete the sentences following the pattern of the examples.

1. e.g. 私(わたし)が　晩(ばん)ごはんを　作(つく)っている　間(あいだ)に、おっとは　おふろの　そうじを　します。
(私(わたし)が　晩(ばん)ごはんを　作(つく)ります)

① ________________ 間(あいだ)に、おっとは　いぬの　さんぽを　します。
(私(わたし)が　せんたくを　します)

② ________________ 間(あいだ)に、私(わたし)は　ガレージの　そうじを　します。
(父(ちち)が　車(くるま)を　あらいます)

③ ________________ 間(あいだ)に、私(わたし)と　子(こ)どもたちは
(つまが　買(か)いものに　行(い)きます)
サプライズパーティーの　じゅんびを　します。

2. e.g. 私(わたし)の　しゅみは　あみものです。
2週間(しゅうかん)　にゅういんしている　間(あいだ)に、セーターを　3まいも　あみました。
(にゅういんします)

① 私(わたし)は　よく　友(とも)だちと　パーティを　します。
1か月間(げつかん)　国(くに)に ________________ 間(あいだ)に、パーティーを　5回(かい)も　しました。
(帰(かえ)ります)

② 私(わたし)は　テレビで　サッカーを　見(み)ていました。
トイレに ________________ 間(あいだ)に、てんが　入(はい)りました。
(行(い)きます)

③ いもうとは　北海道(ほっかいどう)の　大学(だいがく)に　入(はい)ってから　スキーを　始(はじ)めました。
北海道(ほっかいどう)に ________________ 間(あいだ)に、スキーが　上手(じょうず)に　なりました。
(すみます)

④ 私(わたし)の　しゅみは　えを　かくことです。
10日間(かかん)の ________________ 間(あいだ)に、あぶらえを　3まい　かきました。
(きゅうか)

⑤ 今日(きょう)は　クリスマスです。
きのうの　よる、子(こ)どもが ________________ 間(あいだ)に、プレゼントを　おきました。
(ねます)

VOCABULARY

サプライズパーティー	surprise party	あむ	knit
あみもの	knitting	あぶらえ	oil painting

LISTENING CHALLENGE

055-057

Listen to the audio. Write T if the statement is correct and F if it is incorrect.
Smith, Suzuki, and Nakamura are having a barbecue at a camping site.

1. Smith and Suzuki are talking.

① (　　) 鈴木(すずき)さんは　肉(にく)を　やいています。

② (　　) スミスさんは　肉(にく)を　やいています。

③ (　　) 肉(にく)は　まだ　やけていません。

2. Smith and Nakamura are talking.

① (　　) 中村(なかむら)さんは　肉(にく)を　きります。

② (　　) 中村(なかむら)さんは　やさいを　きります。

③ (　　) 中村(なかむら)さんは　おさらを　あらいます。

3. Smith, Suzuki, and Nakamura are talking.

① (　　) 肉(にく)が　やけました。

② (　　) もうすぐ　肉(にく)が　やけます。

③ (　　) ビールが　なくなりました。

READING CHALLENGE

Read the passage and answer the questions.

A tourist agency sent an email to the participants of a tour.

Sent: 20XX 年 5 月 14 日

Subject: 5 月 15 日の　よてい

あしたの　よていが　少し　かわりました。

・はじめに　東大寺に　行きます。

・東大寺に　ついたら、　みんなで　しゃしんを　とります。

・その後　おてらと　だいぶつを　見ます。

・つぎに　びじゅつかんに　行きます。
1 時間半ぐらい　さくひんを　見たら、びじゅつかんの　中に　ある　レストランで　昼ごはんを　食べます。

・昼ごはんの　後　りょかんに　行きます。3 時ごろ　りょかんに　つく　よていです。

・りょかんに　ついたら、晩ごはんまで　じゆう時間です。
庭を　見たり、おふろに　入ったり、じゆうに　おすごしください。

・晩ごはんは　7 時からの　よていです。

よろしく　おねがいします。

XYZ ツアー

① はじめに　どこに　行きますか。

② 東大寺に　ついたら、何を　しますか。

③ びじゅつかんで　さくひんを　見たら、　何を　しますか。

④ 晩ごはんの　よていは　いつですか。

VOCABULARY

とうだいじ	Todaiji Temple	おすごしください。	please spend your time
さくひん	work	XYZ ツアー	XYZ Tours (fictitious company name)

FURTHER PRACTICE 6

READING & WRITING

Read Naomi's blog and leave a comment.

ナオミの　ブログ

10月(がつ)25日(にち)
おいしい　わしょくの　みせ

うちの　ちかくに　おいしい　わしょくの　みせが　できました。やきざかなが　おいしいので、週(しゅう)に　2、3回(かい)　食(た)べに　行(い)っています。

その　みせは　いい　おさらを　つかっています。みせの　ごしゅじんが　やきものを　あつめるのが　すきなので、いろいろな　ちほうの　やきものが　あります。私(わたし)が　いちばん　気(き)に入(い)っているのは　有田焼(ありたやき)です。来月(らいげつ)の　れんきゅうに　有田(ありた)に　行(い)ってみようと　思(おも)っています。

みせの　入口(いりぐち)に　おもしろい　たぬきの　おきものが　あります。その　たぬきも　やきものです。とても　かわいいです。

コメント 1

ナオミさん、こんにちは。私(わたし)は　有田(ありた)に　すんでいます。有田(ありた)には　とうげいたいけんが　できる　ところも　たくさん　ありますよ。こちらに来(き)たら、ぜひ　やってみてください。

そうなんですか。ぜひ　たいけんしてみたいです。有田(ありた)に　行(い)くのが　ますます　楽(たの)しみに　なりました。
ナオミ

VOCABULARY

やきざかな	grilled fish	れんきゅう	long weekend	とうげいたいけん	pottery making experience
(ご) しゅじん	owner	ありた	Arita (town in Kyushu)	ますます	more and more
やきもの	pottery	たぬき	raccoon dog		
ちほう	local area	おきもの	figurine		
ありたやき	Arita ware				

コメント２

11月４日
とうげいたいけん

れんきゅうに　有田に　行って、とうげいたいけんを　しました。有田は　日本で　はじめて　じきを　作った　まちです。とうげいたいけんに　行く　前に　少し　まちを　あるきました。やきものの　とりいが　ある　じんじゃで　やきものの　おまもりを　買いました。

とうげいたいけんでは　ゆのみを　作りました。何度も　しっぱいしました。あまり　上手に　できませんでしたが、じぶんで　ゆのみを　作れて、うれしかったです。

VOCABULARY

じき	porcelain	おまもり	good-luck charm	しっぱいする	make a mistake
とりい	torii gate	ゆのみ	teacup		

LESSON 19 What Will You Do If You Receive a Special Bonus?

PRACTICE ① ～かもしれません

Complete the sentences following the pattern of the examples and based on the information provided.

e.g.

Suzuki's key

①

interesting

②

tough

③

visible

e.g. これは　<u>鈴木(すずき)さんの　かぎかもしれません</u>。

これは　<u>鈴木(すずき)さんの　かぎじゃないかもしれません</u>。

① この　本(ほん)は　……………………………………。

この　本(ほん)は　……………………………………。

② この　プロジェクトは　……………………………………。

この　プロジェクトは　……………………………………。

③ ホテルの　へやから　富士山(ふじさん)が　……………………………………。

ホテルの　へやから　富士山(ふじさん)が　……………………………………。

PRACTICE ② ～かもしれません

Connect the sentences following the pattern of the example.

e.g. 今日(きょう)は　ひまです。はやく　うちに　帰(かえ)れます。

→　今日(きょう)は　ひまなので、はやく　うちに　帰(かえ)れるかもしれません。

① 来週(らいしゅう)から　あたらしい　プロジェクトの　じゅんびを　始(はじ)めます。いそがしく　なります。

→ ……………………………………

② これは　ゆうめいな　おさけです。高(たか)いです。

→ ……………………………………

③ レストランさくらやは　とても　人気(にんき)が　あります。よやくするのは　たいへんです。

→ ……………………………………

PRACTICE ③ ～かもしれません

Complete the passage following the pattern of the example by choosing the appropriate word from the box and changing it to the appropriate form. The words can be used only once.

~~こんでいます~~	ねられません	します
いたく　なります	ひきます	なくします
わかりません	かかります	なります

私は　ひこうきに　のる　とき、いつも　はやく　うちを　出ます。みちが

e.g. こんでいるかもしれません。チェックインに　時間が　①＿＿＿＿＿＿＿＿。うちから　くうこうまでは　車で　1時間ぐらいですが、ひこうきに　のる　ときは、2時間前に　うちを　出ます。海外に　行く　ときは、いつも　3時間前に　うちを　出ます。

それから、くすりを　たくさん　もっていきます。海外で　おなかが　②＿＿＿＿＿＿＿＿。かぜを　③＿＿＿＿＿＿＿＿。じさで　④＿＿＿＿＿＿＿＿。

海外旅行の　前に、かならず　ほけんに　入ります。旅行中に　びょうきに　⑤＿＿＿＿＿＿＿＿。けがを　⑥＿＿＿＿＿＿＿＿。ほけんりょうが　かかりますが、入った　方が　あんしんです。

海外で　ことばが　⑦＿＿＿＿＿＿＿＿。スマホに　ほんやくアプリを　入れて　もっていきます。パスポートの　コピーも　もっていきます。パスポートを　⑧＿＿＿＿＿＿＿＿。

VOCABULARY

くすり	medicine	ほけんりょう	insurance fee	ほんやく	translation
ほけん	insurance	ことば	language		

PRACTICE ④ ～たら

Complete the sentences following the pattern of the example. Substitute the underlined part with the appropriate forms of the alternatives given.

e.g. 山(やま)で　みちに　まよう

→ 山(やま)で　みちに　まよったら、どう　しますか。

① おふろに　入(はい)っている　とき　じしんが　おきる

→ ....、どう　しますか。

② タクシーだいを　はらう　とき　さいふが　ないのに　気(き)づく

→ ....、どう　しますか。

③ 外国(がいこく)に　すんでいる　とき　ホームシックに　かかる

→ ....、どう　しますか。

④ アパートの　となりの　人(ひと)が　毎晩(まいばん)　うるさい

→ ....、どう　しますか。

⑤ ある日(ひ)　こいびとが　とつぜん　いなくなる

→ ....、どう　しますか。

PRACTICE ⑤ ～たら

Complete the passage following the pattern of the example.

たからくじを　買(か)った　ことが　ありますか。さいきんは　インターネットでも　買(か)う　ことが　できます。1おく円以上(えんいじょう)　当(あ)たる　人(ひと)が　毎年(まいとし)　たくさん　いると　聞(き)きました。

もし　1おく円(えん)　e.g. 当(あ)たったら、あなたは　どう　しますか。
（当(あ)たる）

「私(わたし)は　1おく円(えん)　① ....、まず　車(くるま)を　買(か)って、それから　うみの
（当(あ)たる）

ちかくの　マンションを　買(か)います。金曜日(きんようび)に　仕事(しごと)が　終(お)わったら、すぐ　車(くるま)で

VOCABULARY

みちに　まよう	lose one's way	きづく	realize, notice	こいびと	lover, partner
まよう	get lost	ホームシックに　かかる	become homesick	とつぜん	suddenly
タクシーだい	taxi fare	あるひ	one day	いなくなる	disappear (animate object)
～だい	. . . fare	ある～	one . . . , a certain . . .		

その　マンションに　行(い)きます。そして、週末(しゅうまつ)　② ＿＿＿＿＿＿＿＿ 、一日中(いちにちじゅう)
（天気(てんき)が　いい）
かいがんで　のんびりします。もし　③ ＿＿＿＿＿＿＿＿ 、うみが　見(み)える
（雨(あめ)が　ふる）
へやで　音楽(おんがく)を　聞(き)いたり、本(ほん)を　読(よ)んだり　します。そんな　④ ＿＿＿＿＿＿＿＿
（週末(しゅうまつ)が　すごせる）
＿＿＿＿＿＿＿＿ 、仕事(しごと)が　もっと　楽(たの)しく　なるかもしれません。」

「私(わたし)は　１おく円(えん)　⑤ ＿＿＿＿＿＿＿＿ 、その　お金(かね)で　とうしを　始(はじ)めます。
（当(あ)たる）
スタートアップの　会社(かいしゃ)に　とうしを　したいです。とうしで
⑥ ＿＿＿＿＿＿＿＿ 、ビルを　買(か)います。そして、ふどうさんの
（お金(かね)が　ふえる）
ビジネスも　始(はじ)めます。でも、もし　⑦ ＿＿＿＿＿＿＿＿ 、
（お金(かね)が　へる）
とうしを　やめます。」

あなただったら、どう　しますか。

LISTENING CHALLENGE

058, 059

Listen to the audio. Write T if the statement is correct and F if it is incorrect.

1. At around 5:30 P.M., Kato asks Nakamura something.

① (　　) 鈴木(すずき)さんは　もう　帰(かえ)りました。

② (　　) 鈴木(すずき)さんは　今(いま)　しりょうを　コピーしています。

③ (　　) 鈴木(すずき)さんは　支社長(ししゃちょう)に　ほうこくする　ことが　あると　言(い)っていました。

2. Raja and Nakamura are talking while looking out the window.

① (　　) 去年(きょねん)　ゆきが　たくさん　ふった　とき、電車(でんしゃ)が　とまりました。

② (　　) 去年(きょねん)　ゆきが　たくさん　ふった　とき、中村(なかむら)さんは　タクシーで　会社(かいしゃ)に　来(き)ました。

VOCABULARY

いちにちじゅう	all day	とうし	investment	ふどうさん	real estate
かいがん	beach, seashore	スタートアップ	startup		
そんな	that kind of	とうしを　する	invest		

READING CHALLENGE

Read the passage and answer the questions.

山(やま)のぼりは 楽(たの)しい スポーツですが、さいきん じこが おおいです。そこで、山(やま)のぼりの ときの ちゅういてんを しょうかいします。

もし 山(やま)で みちに まよったら、来(き)た みちを もどってください。来(き)た みちが わからなかったら、山(やま)の 上(うえ)の 方(ほう)に 行(い)ってください。

もし 山(やま)で けがを したら、けがの じょうたいを かくにんしてください。あるけなかったら、すぐ きゅうじょたいに れんらくしてください。

山(やま)の かみなりは たいへん きけんです。かみなりは 高(たか)い ところに おちます。かみなりの 音(おと)が 聞(き)こえたら、高(たか)い 木(き)から はなれてください。

山(やま)には くまが いるかもしれません。あるいている ときに くまに あったら、くまの 方(ほう)を 見(み)ながら、くまから はなれてください。その とき、大(おお)きい 音(おと)や こえを 出(だ)さないでください。

① 山(やま)で みちに まよったら、どう しますか。

....

② 山(やま)で けがを したら、どう しますか。

....

③ 山(やま)で かみなりの 音(おと)が 聞(き)こえたら、どう しますか。

....

④ 山(やま)で くまに あったら、どう しますか。

....

VOCABULARY

そこで	therefore	じょうたい	condition, state	かみなり	lightning, thunder
ちゅういてん	points to be aware of	きゅうじょたい	rescue team	おちる (R2)	fall
～の ほう	in the direction of, toward	たいへん	very	くま	bear
		かみなりが おちる	lightning falls	あう	encounter

PRACTICE ① 〜たら、〜ました

Complete the sentences following the pattern of the example by choosing the appropriate word from the box and changing it to the appropriate form. The words can be used only once.

見(み)ていました	~~しらべました~~	あるいていました
聞(き)きました	はいてみました	電話(でんわ)を　しました
~~読(よ)んでいました~~	かみました	

e.g. レポートを　読(よ)んでいたら、しらない　かんじが　ありました。でも　アプリで　しらべたら、すぐ　わかりました。

① きのう　ざっしを　＿＿＿＿＿＿、さいきん　うちの　ちかくに　できた　タイ料理(りょうり)の　レストランの　きじを　見(み)つけました。＿＿＿＿＿＿、すぐ　よやくできました。

② きのう　車(くるま)を　うんてんしていた　とき、ねむく　なりましたが、ミントのガムを　＿＿＿＿＿＿、あたまが　すっきりしました。

③ きのう　仕事(しごと)の　帰(かえ)りに　銀座(ぎんざ)を　＿＿＿＿＿＿、すてきなブーツを　見(み)つけました。その　ブーツを　見(み)ていたら、店員(てんいん)が　来(き)て、「どうぞ　はいてみてください」と　言(い)いました。＿＿＿＿＿＿、ぴったりでした。ねだんを　＿＿＿＿＿＿、とても　高(たか)くて　びっくりしました。しばらく　かんがえましたが、買(か)いませんでした。

VOCABULARY

かむ	chew	ガム	gum	ぴったり(な)	perfect, fit well
うんてんする	drive	すっきりする	clear up	ねだん	price
ミント	mint	てんいん	shopkeeper	しばらく	for a while

PRACTICE ② ～てしまいます

Complete the sentences following the pattern of the example by choosing the appropriate word from the box and changing it to the appropriate form. The words can be used only once.

~~読みました~~	なくしました	こわしました
食べました	しました	わすれました

e.g. きのう　買った　本を　一晩で　<u>読んでしまいました</u>。

① メールに　ファイルを　てんぷするのを　……………………。

② 日曜日に　うちで　パーティーを　するので、今日　買いものを
……………………。

③ 友だちに　かりた　じてんしゃの　かぎを　……………………。

④ 父の　たいせつな　とけいを　おとして、……………………。

⑤ 12時から　打ち合わせが　あったので、午前中に　昼ごはんを
……………………。

PRACTICE ③ ～たら、～ました　～てしまいます

Read the dialogues and write T if the statement below is true and F if it is false.

1. Suzuki is showing his smartphone and talking to Smith.

鈴木　：スミスさん、この　ドラマ、しっていますか。
スミス：いいえ。日本の　ドラマですか。
鈴木　：ええ。人気が　あるので　見てみたら、とても　おもしろかったんです。エピソードが　30ぐらい　あるんですが、先週　1週間で　ぜんぶ　見てしまいました。
スミス：どんな　ドラマなんですか。
鈴木　：たんていの　話です。コメディーなんですが、ストーリーが　よくて、何度も　ないてしまいました。
スミス：そうですか。私も　コメディーが　すきなので、今度　見てみます。

VOCABULARY

ひとばん	one night	たんてい	detective	なく	cry
ドラマ	drama	コメディー	comedy		
エピソード	episode	ストーリー	story, storyline		

① (　　) 鈴木さんは　日本の　ドラマを　見ました。

② (　　) 鈴木さんは　週末に　ドラマを　ぜんぶ　見ました。

③ (　　) 鈴木さんは　ドラマを　見て、何度も　なきました。

④ (　　) スミスさんも　コメディーが　すきです。

2. Emma and Suzuki are talking at the office.

エマ：どう　したんですか。

鈴木：あたらしい　アプリを　インストールしたら、パソコンの　でんげんが　きれてしまったんです。

エマ：ウイルスかもしれませんよ。ウイルススキャンを　してみたら、どうですか。

鈴木：そうですね。そう　します。

① (　　) パソコンに　あたらしい　アプリを　インストールしたら、でんげんが　きれました。

② (　　) 鈴木さんは　ウイルススキャンを　してみます。

LISTENING CHALLENGE

060, 061

Listen to the audio. Write T if the statement is correct and F if it is incorrect.

1. Suzuki is talking about his trip last week.

① (　　) 鈴木さんは　先週　大阪に　行きました。

② (　　) 鈴木さんは　しんかんせんの　中で　ビールを　飲みました。

③ (　　) 鈴木さんは　しんかんせんの　中で　ねませんでした。

④ (　　) 鈴木さんは　京都駅で　しんかんせんを　おりませんでした。

⑤ (　　) 鈴木さんは　しんかんせんの　中に　かばんを　わすれました。

VOCABULARY

ウイルススキャン　virus scan

2. Kato telephones Chan when the two of them are about to have an online meeting.

① (　　) 加藤(かとう)さんは　打(う)ち合(あ)わせの　前(まえ)に　しりょうを　ダウンロードしました。

② (　　) 加藤(かとう)さんの　パソコンは　フリーズしてしまいました。

③ (　　) 加藤(かとう)さんは　パソコンを　さいきどうできませんでした。

④ (　　) 加藤(かとう)さんは　インターネットに　せつぞくできません。

⑤ (　　) 加藤(かとう)さんと　チャンさんは　あした　打(う)ち合(あ)わせを　します。

READING CHALLENGE

Read the passage, and write T if the statement below is correct and F if it is incorrect.

1. Suzuki posted something on social media.

> この間(あいだ)　タクシーと　まちがえて、パトカーを　とめてしまった。よる　おそくまで　友(とも)だちと　おさけを　飲(の)んで　みせを　出(で)たら、車(くるま)が　１だい　はしってきた。やねに　何(なに)か　ついていたので、タクシーだと　思(おも)った。いそいで　とめたら、パトカーだった。車(くるま)から　けいかんが　おりてきた　ときは、本当(ほんとう)に　びっくりした。

① (　　) 鈴木(すずき)さんは　タクシーと　パトカーを　まちがえました。

② (　　) 鈴木(すずき)さんが　みせを　出(で)たら、タクシーが　来(き)ました。

③ (　　) はしってきた　車(くるま)の　やねに　何(なに)か　ついていました。

④ (　　) 鈴木(すずき)さんは　パトカーを　とめました。

⑤ (　　) タクシーから　けいかんが　おりてきました。

VOCABULARY

おそくまで	until late	はしってくる	come running this way	けいかん	police officer
～だい	(counter for vehicles)	やね	roof	おりてくる	get off

2. Raja posted something on social media.

この間(あいだ)　電車(でんしゃ)を　まちがえて、やくそくの　時間(じかん)に　1時間(じかん)　おくれてしまいました。

駅(えき)の　ホームに　ついたら、電車(でんしゃ)が　来(き)ていたので、いそいで　のったら、はんたいの　ほうこうに　行(い)く　電車(でんしゃ)だったんです。その　電車(でんしゃ)は　きゅうこうだったので、つぎの　駅(えき)まで　20分(ぷん)　とまりませんでした。スマホの　じゅうでんが　きれていたので、友(とも)だちに　れんらくできませんでした。

待(ま)ち合(あ)わせの　ばしょに　ついた　とき、友(とも)だちは　とても　おこっていました。

① (　　) ラジャさんは　やくそくの　時間(じかん)に　30分(ぷん)　おくれました。

② (　　) ラジャさんは　ねぼうして、やくそくの　時間(じかん)に　おくれました。

③ (　　) 駅(えき)の　ホームに　ついたら、電車(でんしゃ)が　来(き)ていました。

④ (　　) ラジャさんは　はんたいの　ほうこうに　行(い)く　電車(でんしゃ)に　のりました。

⑤ (　　) ラジャさんは　スマホを　もっていませんでした。

⑥ (　　) ラジャさんが　待(ま)ち合(あ)わせの　ばしょに　ついた　とき、友(とも)だちは　おこっていました。

VOCABULARY

| はんたい　the other way | ほうこう　direction | きゅうこう　express train |

LESSON 21 If You Take the Shinkansen, You'll Make It on Time

PRACTICE ① Conditional forms

Write the conditional forms in hiragana following the pattern of the example.

e.g. たべる → たべれば　たべなければ

Verbs

① はしる → ....

② つづける → ....

③ くる → ....

④ よやくする → ....

⑤ ある → ....

⑥ やめる → ....

Adjectives and noun

⑦ おおい → ....

⑧ たいへん → ....

⑨ かぜ → ....

⑩ いい → ....

⑪ むり → ....

PRACTICE ② ～ば

Complete the dialogues following the pattern of the example and based on the information provided.

e.g.

e.g. A：見(み)えますか。

B：めがねを　かければ、見(み)えます。めがねを　かけなければ、見(み)えません。

①

②

③

① A：間に合いますか。

B：………………、間に合います。………………、間に合いません。

② A：読めますか。

B：………………、読めます。………………、読めません。

③ A：買いますか。

B：………………、買います。………………、買いません。

PRACTICE ③ ～ば

Make up dialogues following the pattern of the example and based on the information provided. Substitute the underlined parts with the appropriate forms of the alternatives given.

	A	B
e.g.	パソコンが　フリーズしました	さいきどうします
①	となりの　へやが　うるさいです	かんりにんに　言います
②	さいきん　よく　ねむれません	ねる　前に　ストレッチを　します
③	英語が　上手に　なりません	この　テキストを　使います
④	たばこを　やめられません	この　ガムを　かみます

e.g. A：パソコンが　フリーズしたんですが、どう　すれば　いいですか。

B：さいきどうしてみたら　どうですか。

A：そう　してみます。

VOCABULARY

じしょ　dictionary

テキスト　textbook

PRACTICE ④ ～ば

Complete the passage following the pattern of the example by choosing the appropriate word from the box and changing it to the appropriate form. The words can be used only once.

~~おぼえます~~　　します　　読(よ)めます　　つづけます

そうだん：

かんじの　べんきょうの　しかたを　教(おし)えてください。日本語(にほんご)の　べんきょうを　していますが、かんじが　おぼえられません。どう　すれば　いいですか。

かいとう：

一度(いちど)に　たくさんの　かんじを　おぼえるのは　たいへんですから、毎日(まいにち)　少(すこ)しずつ　おぼえてください。毎日(まいにち)　一(ひと)つずつ　e.g. おぼえれば、１年(ねん)で　365 じ　おぼえられます。それを　２年間(ねんかん)　①……………………、700 じ以上(いじょう)の　かんじを　おぼえられます。700 じ以上(いじょう)の　かんじを　②……………………、新聞(しんぶん)や　ざっしも　読(よ)めると　思(おも)います。そう　③……………………、日本(にほん)の　ことが　もっと　よく　わかりますよ。

PRACTICE ⑤ ～しか　～ない

Read the dialogue and answer the questions.

Smith and Nakamura are talking.

スミス：夏休(なつやす)みの　よていは　きまりましたか。

中村(なかむら)　：去年(きょねん)は　いそがしくて、夏休(なつやす)みが　３日(か)しか　とれなかったので、今年(ことし)は　もっと　長(なが)い　休(やす)みが　とりたいです。休(やす)みが　10 日間(かかん)ぐらい　とれたら、イタリアに　行(い)こうと　思(おも)っています。

スミス：いいですね。

中村(なかむら)　：３年前(ねんまえ)に　行(い)った　ときは　ローマと　ミラノにしか　行(い)けなかったので、今度(こんど)は　フィレンツェや　ナポリに　行(い)きたいです。イタリアの　スイーツが　だいすきなので、スイーツを　たくさん　食(た)べたいです。

スミス：おいしい　イタリアの　スイーツを　食(た)べれば、あたらしい　しょうひんの　アイデアが　生(う)まれるかもしれませんね。

VOCABULARY

かいとう	answer	フィレンツェ	Florence	スイーツ	sweets
いちどに	at a time	ナポリ	Naples		

① 中村(なかむら)さんは　去年(きょねん)　夏休(なつやす)みを　どのくらい　とれましたか。

② 中村(なかむら)さんは　３年前(ねんまえ)に　イタリアに　行(い)った　とき、どこに　行(い)きましたか。

③ 今度(こんど)　イタリアに　行(い)ったら、中村(なかむら)さんは　どこに　行(い)きたいと　思(おも)っていますか。

④ 中村(なかむら)さんは　イタリアで　何(なに)を　したいと　思(おも)っていますか。

LISTENING CHALLENGE

062-064

Listen to the audio and answer the questions.

1. Person A and B are talking.

① どう　すれば、スペイン語(ご)が　上手(じょうず)に　なりますか。

2. Emma and Suzuki are talking at the office.

① すしよしは　どんな　みせですか。

② すしよしは　どこに　ありますか。

③ すしよしは　何時(なんじ)ごろ　行(い)けば、すいていますか。

④ エマさんは　いつ　すしよしに　行(い)こうと　思(おも)っていますか。

3. Emma and Smith are talking.

① スミスさんは　来週(らいしゅう)　いつ　時間(じかん)が　ありますか。

② エマさんと　スミスさんは　来週(らいしゅう)の　いつ　打(う)ち合(あ)わせを　しますか。

READING CHALLENGE

1. Read the passage, and write T if the statement below is correct and F if it is incorrect.
Suzuki posted something on social media.

> 今日(きょう) アメリカ本社(ほんしゃ)との オンライン会議(かいぎ)で プレゼンを しました。英語(えいご)で プレゼンを するのは はじめてだったので、きんちょうして、きのうは 3時間(じかん)しか ねむれませんでした。スミスさんが リハーサルを すれば プレゼンの ときに きんちょうしないと 言(い)っていたので、きのう 会議室(かいぎしつ)で リハーサルを しました。ほんばんは よていより 少(すこ)し 時間(じかん)が かかって しまいましたが、うまく いったと 思(おも)います。

① (　　) 鈴木(すずき)さんは 今日(きょう) はじめて 英語(えいご)で プレゼンを しました。

② (　　) 鈴木(すずき)さんは きのう 3時間(じかん) ねました。

③ (　　) スミスさんは きのう 会議室(かいぎしつ)で リハーサルを しました。

④ (　　) ほんばんは よていより はやく 終(お)わりました。

VOCABULARY

きんちょうする	get nervous	ほんばん	the actual thing
リハーサル	rehearsal	うまく いく	go well

FURTHER PRACTICE 7

READING & WRITING

Read Naomi's blog and leave a comment.

ナオミの　ブログ

12月(がつ)26日(にち)

5年(ねん)ぶりの　さいかい

もうすぐ　おしょうがつです。私(わたし)が　はたらいている　学校(がっこう)は　1月(がつ)6日(か)まで　冬休(ふゆやす)みです。

今日(きょう)は　秋田(あきた)に　すんでいる　さつきさんの　うちを　たずねました。秋田駅(あきたえき)で　しんかんせんを　おりたら、ゆきが　ふっていました。さむかったですが、とても　きれいでした。私(わたし)たちは　秋田駅(あきたえき)で　5年(ねん)ぶりに　さいかいしました。

さつきさんの　うちには　いろりが　あります。外(そと)は　さむいですが、うちの　中(なか)に　いれば、ぜんぜん　さむくないです。いろりで　もえている　火(ひ)を　見(み)ていたら、本当(ほんとう)に　しあわせな　気(き)もちに　なりました。さつきさんの　ごかぞくと　いろいろな　話(はなし)を　しました。

晩(ばん)ごはんは　きりたんぽなべでした。きりたんぽや　とり肉(にく)や　やさいが　入(はい)っていました。きりたんぽは　秋田(あきた)の　めいぶつで、おいしい　ごはんを　やいて　作(つく)った　ものです。とても　おいしかったので、たくさん　おかわりを　しました。

コメント1

札幌(さっぽろ)に　すんでいる　しゅふです。北海道(ほっかいどう)の　めいぶつの　さかなを　入(い)れた　なべ料理(りょうり)も　おいしいですよ。なべ料理(りょうり)は　ざいりょうだけ　きれば、あとは　みんなで　いっしょに　作(つく)りながら　食(た)べられるので、いそがしい　ときにも　いいですよ。

札幌(さっぽろ)の　しゅふの　方(かた)、さかなの　なべ料理(りょうり)の　レシピを　ぜひ　教(おし)えてください。今度(こんど)　作(つく)ってみたいです。　ナオミ

VOCABULARY

ふゆやすみ	winter holiday	きりたんぽなべ	kiritanpo hot pot	おかわり	helping
いろり	sunken hearth	きりたんぽ	kiritanpo	あとは	after that
しあわせ(な)	happy	おかわりを　する	have a helping		

コメント２

....

....

....

....

....

....

....

....

1月1日(がつついたち)

おしょうがつ

あけまして　おめでとうございます。
私(わたし)は　神戸(こうべ)の　おばの　うちで　新年(しんねん)を　むかえました。きのうの　よる　おばの　うちに　ついて、いっしょに　としこしそばを　食(た)べました。朝(あさ)は　おとそを　飲(の)んでから、おばが　作(つく)った　おせち料理(りょうり)と　おぞうにを　食(た)べました。
おとそは　おしょうがつに　飲(の)む　おさけです。おせち料理(りょうり)は　いろいろな　料理(りょうり)を　じゅうばこに　入(い)れた　ものです。おぞうには　おもちが　入(はい)っている　スープです。ちほうによって　いろいろな　おぞうにが　あると　聞(き)きました。おばの　おぞうにには　まるい　おもちと　やさいが　たくさん　入(はい)っていました。おばの　料理(りょうり)は　ぜんぶ　おいしいので、ちょっと　食(た)べすぎてしまいました。
午後(ごご)は　ちかくの　じんじゃに　はつもうでに　行(い)きました。おみくじを　引(ひ)いたら、「だいきち」でした。今年(ことし)も　いい　年(とし)に　なると　思(おも)います。

VOCABULARY

あけまして　おめでとうございます。	Happy New Year.
しんねん	new year
むかえる（R2）	greet
としこしそば	*toshikoshi soba*
(お)とそ	*otoso* sake
おせちりょうり	*osechi* cuisine
(お)ぞうに	*ozoni* soup
じゅうばこ	*jubako* stacked lacquer boxes
(お)もち	rice cake
たべすぎる（R2）	eat too much
はつもうで	visit a shrine during the New Year
おみくじ	paper fortune slip
ひく	draw
だいきち	great luck

LESSON 22 It Looks Delicious

PRACTICE ① ～そう

Make up sentences following the pattern of the example and based on the information provided.

e.g. あたらしそうです。

①

②

③

④

⑤

⑥

⑦

⑧

⑨

⑩

⑪

⑫

⑬

⑭

PRACTICE ② ～そう

Complete the sentences following the pattern of the example. Choose the appropriate word from the box and change it to the appropriate form using either そう , そうな , or そうに . The words can be used only once.

~~ふる~~	やける	さく	いい
うれしい	終(お)わる	おいしい	にぎやか
たいへん	いそがしく　なる	ねむい	早(はや)く　なる

e.g. 雨(あめ)が　<u>ふりそう</u>です。かさが　ないので、早(はや)く　帰(かえ)ります。

① ＿＿＿＿＿＿＿＿ですね。何(なに)か　いい　ことが　あったんですか。

② この　仕事(しごと)は　＿＿＿＿＿＿＿＿です。今日中(きょうじゅう)には　終(お)わりそうに　ありません。

③ これが　今(いま)　すんでいる　まちですか。人(ひと)が　おおくて、＿＿＿＿＿＿＿＿ところですね。

④ 新(あたら)しい　社長(しゃちょう)は　あたまが　＿＿＿＿＿＿＿＿　人(ひと)です。

⑤ ＿＿＿＿＿＿＿＿ですね。きのうは　何時(なんじ)に　ねたんですか。

⑥ 中村(なかむら)さんが　作(つく)った　ケーキを　みんな　＿＿＿＿＿＿＿＿　食(た)べています。

⑦ もうすぐ　肉(にく)が　＿＿＿＿＿＿＿＿ですよ。みんなを　よんできてください。

⑧ 今(いま)　書(か)いている　レポートは　あと　２、３日(にち)で　＿＿＿＿＿＿＿＿です。終(お)わったら、どこかに　あそびに　行(い)きたいと　思(おも)っています。

⑨ もうすぐ　花(はな)が　＿＿＿＿＿＿＿＿。今年(ことし)の　花見(はなみ)は　＿＿＿＿＿＿＿＿です。

⑩ 来月(らいげつ)、ニューヨーク支店(してん)に　てんきんします。ニューヨーク支店(してん)に　行(い)ったら　＿＿＿＿＿＿＿＿ので、行(い)きたくないんですが、つまは　ニューヨークに　行(い)くのを　楽(たの)しみに　しています。

VOCABULARY

よんでくる	go and call	してん	branch office	てんきんする	be transferred

PRACTICE ③ ～なら

Complete the sentences or dialogues following the patterns of the examples.

1. B makes suggestions or requests to A.

e.g. A：いい　スポーツクラブを　知(し)っていますか。

B：スポーツクラブなら、あざぶスポーツクラブが　いいですよ。

（スポーツクラブ）

① A：どこかに　旅行(りょこう)して　ゆっくりしたいんです。

B：……………………、箱根(はこね)の　おんせんは　どうでしょうか。

（ゆっくりします）

② A：あしが　いたくて、あるくのが　たいへんなんです。

B：……………………、車(くるま)で　行(い)きましょう。

（あるくのが　たいへんです）

③ A：今度(こんど)　シンガポールに　行(い)くんです。

B：……………………、おみやげに　マーライオンの　キーホルダーを　買(か)ってきてください。（シンガポールに　行(い)きます）

2. Your friend has moved to the town where you live. Tell him/her about the places you recommend.

e.g. スーパー

スーパーなら、のぞみマートが　いいですよ。安(やす)くて　しょうひんも　おおいです。

① レストラン

→ ……………………、ABC ダイニングが　おすすめです。ランチが　おいしくて、ふんいきも　いいです。

② 電気(でんき)せいひんを　買(か)います

→ ……………………、のぞみ電気(でんき)が　いいですよ。店(みせ)の　人(ひと)が　しんせつで、サービスも　いいです。

③ さんぽを　します

→ ……………………、さくらこうえんが　おすすめです。みどりが　おおくて　しずかです。

VOCABULARY

あざぶスポーツクラブ　Azabu Sports Club (fictitious institution name)
マーライオン　Merlion
のぞみマート　Nozomi Mart (fictitious supermarket name)
でんきせいひん　electronic appliance

④　ひまです

→ ＿＿＿＿＿＿＿＿＿＿、ショッピングモールに　行(い)きませんか。えいがかんや　カフェや　おしゃれな　店(みせ)が　あります。

3. B is at a job interview and answers A's questions.

e.g. A：英語(えいご)が　話(はな)せますか。

B：英語(えいご)は　あまり　話(はな)せませんが、<u>中国語(ちゅうごくご)なら　話(はな)せます</u>。（中国語(ちゅうごくご)）

① A：アルバイトを　した　ことが　ありますか。

B：アルバイトは　した　ことが　ありませんが、＿＿＿＿＿＿＿＿＿＿

＿＿＿＿＿＿＿＿＿＿。（ボランティア）

② A：りゅうがくした　ことが　ありますか。

B：りゅうがくした　ことは　ありませんが、＿＿＿＿＿＿＿＿＿＿

＿＿＿＿＿＿＿＿。（ホームステイ）。

③ A：本(ほん)は　よく　読(よ)みますか。

B：しょうせつは　あまり　読(よ)みませんが、＿＿＿＿＿＿＿＿＿＿

＿＿＿＿＿＿＿＿。（ノンフィクション）。

④ A：土曜日(どようび)に　仕事(しごと)に　来(こ)られますか。

B：土曜日(どようび)は　来(こ)られませんが、＿＿＿＿＿＿＿＿＿＿。

（日曜日(にちようび)）

LISTENING CHALLENGE

065

Listen to the audio and fill in the blanks with what you hear.

Nakamura reports to Sasaki about the news she just heard.

中村(なかむら)　：昼(ひる)の　ニュースで　今(いま)　大(おお)きい　たいふうが　ちかづいているので、ゆうがたから＿＿＿＿＿＿＿＿＿＿と　言(い)っていました。

佐々木(ささき)：そうですか。＿＿＿＿＿＿＿＿＿＿、今日(きょう)は　早(はや)く　帰(かえ)った方(ほう)が　いいですね。みなさんに　つたえてください。

中村(なかむら)　：はい、わかりました。

VOCABULARY

ショッピングモール	shopping mall	しょうせつ	novel	ノンフィクション	nonfiction

READING CHALLENGE

Read the passage, and write T if the statement below is correct and F if it is incorrect.
Smith wrote a blog post.

ちゃんこなべ屋

土曜日に インターネットの レストランガイドを 見ていたら、新しい ちゃんこなべ屋の しょうかいが 出ていた。ちゃんこなべは 食べた ことが なかったが、メニューを 見たら おいしそうだったので、今日 友だちと 行ってみた。

ホームページの ちずを 見ながら 店を さがしたら、すぐに 見つかった。店の 前まで 来たら、店の 外で おきゃくさんが 2、3人、待っていた。店の 中を のぞいてみたら、みんな おいしそうに 食べていた。友だちと 30分 外で 待って、やっと 中に 入れた。ちゃんこなべは とても おいしかった。

これからも レストランガイドで よさそうな 店が あったら、行ってみようと 思う。でも 人気が ありそうな 店は よやくを してから 行った 方が いいと 思った。

① (　　) スミスさんは ガイドブックで 新しい ちゃんこなべ屋を 見つけた。
② (　　) 店は すぐに 見つからなかった。
③ (　　) 店は こんでいたので、おきゃくさんが 外で 待っていた。
④ (　　) スミスさんと 友だちは 店の 中で 30分 待った。
⑤ (　　) スミスさんは 店の よやくを しなかった。

VOCABULARY

ちゃんこなべや	chanko hot pot restaurant	でる (R2)	appear, be listed	のぞく	peek inside
ちゃんこなべ	chanko hot pot	ホームページ	website		
レストランガイド	restaurant guide	ちず	map		

PRACTICE ① ～と

Make up sentences following the pattern of the example and based on the information provided.

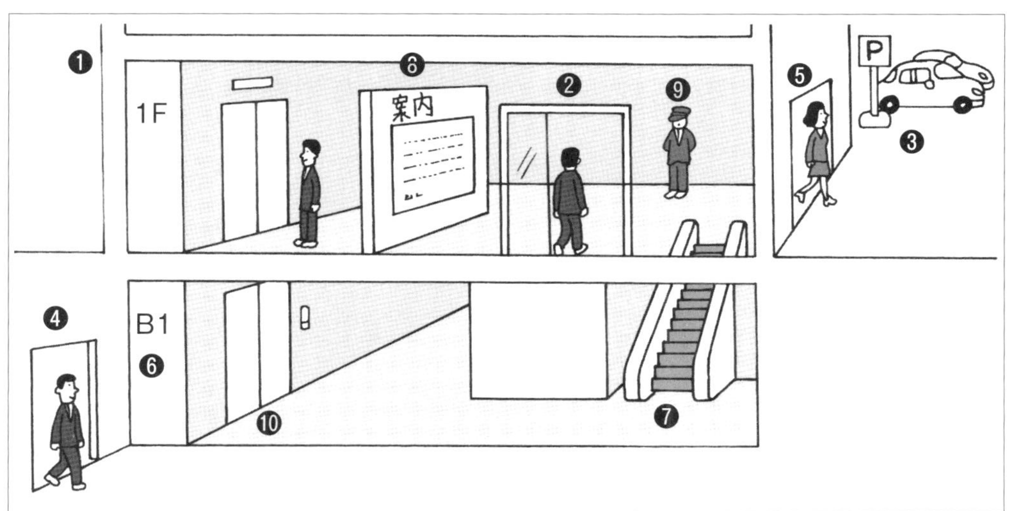

❶ビル　❷しょうめんげんかん　❸ちゅうしゃじょう　❹入口(いりぐち)　❺出口(でぐち)　❻地下(ちか)
❼エスカレーター　❽あんないばん　❾ガードマン　❿エレベーター

e.g. しょうめんげんかんから　入(はい)ります、左側(ひだりがわ)に　あんないばん

→　しょうめんげんかんから　入(はい)ると、左側(ひだりがわ)に　あんないばんが　あります。

① 1階(かい)の　出口(でぐち)から　外(そと)に　出(で)ます、左側(ひだりがわ)に　ちゅうしゃじょう

→ ....

② ちか　1階(かい)の　入口(いりぐち)から　ビルに　入(はい)ります、左側(ひだりがわ)に　エレベーター

→ ....

③ ちか　1階(かい)の　入口(いりぐち)から　入(はい)って、まっすぐ　行(い)きます、
左側(ひだりがわ)に　エスカレーター

→ ....

④ エスカレーターで　1階(かい)に　上(あ)がります、右側(みぎがわ)に　出口(でぐち)

→ ....

⑤ しょうめんげんかんから　入(はい)ります、しょうめんに　ガードマン

→ ....

VOCABULARY

しょうめんげんかん	main entrance	あんないばん	information board	ガードマン	guard
～から	through . . .	しょうめん	front		

PRACTICE ② ～と

Complete the sentences following the pattern of the example by choosing the appropriate word from the parentheses.

e.g. 前(まえ)に　立(た)つと、ドアが　（ (あきます)　あけます　）。

① 中(なか)に　入(はい)ると、ドアが　（　閉(し)めます　閉(し)まります　）。

② お金(かね)を　入(い)れると、ジュースが　（　出(で)ます　出(だ)します　）。

③ 人(ひと)が　のると、エスカレーターが　（　動(うご)かします　動(うご)きます　）。

④ 人(ひと)が　おりると、エスカレーターが　（　止(と)まります　止(と)めます　）。

⑤ くらく　なると、電気(でんき)が　（　つけます　つきます　）。

⑥ あかるく　なると、電気(でんき)が　（　きえます　けします　）。

⑦ おんどが　上(あ)がると、いろが　（　かわります　かえます　）。

⑧ くすりを　飲(の)むと、せきが　（　止(と)まります　止(と)めます　）。

⑨ ７時(じ)に　なると、ニュースが　（　始(はじ)まります　始(はじ)めます　）。

⑩ 電気(でんき)が（　つける　つく　）と、むしが（　あつめます　あつまります　）。

VOCABULARY

おんど	temperature
むし	insect

PRACTICE ③ ～でしょう

Complete the sentences following the pattern of the example.

e.g. あしたは、朝から はれて、いい 天気に なるでしょう。
(はれて、いい 天気に なります)

① あしたは 午後から ＿＿＿＿＿＿＿＿。
(かぜが 強く なります)

② あしたの 朝は ＿＿＿＿＿＿＿＿。
(きおんが 下がります)

③ 今日は ゆうがたから ＿＿＿＿＿＿＿＿。
(雨が ふります)

④ 今日の 午前中は はれますが、＿＿＿＿＿＿＿＿。
(午後から くもります)

⑤ 今週の 木曜日ごろ ＿＿＿＿＿＿＿＿。
(おおがたで 強い たいふうが 来ます)

⑥ 来月の はじめごろから ＿＿＿＿＿＿＿＿。
(かふんが とびます)

⑦ 今日は ＿＿＿＿＿＿＿＿。
(しつどが 高いので、むしあつく なります)

⑧ 来週の 後半は ＿＿＿＿＿＿＿＿。
(ぜんこくてきに さむく なります)

VOCABULARY

おおがた	large	しつど	humidity	ぜんこくてきに	nationwide
たいふう	typhoon	むしあつい	hot and humid		
かふん	pollen	こうはん	second half, latter half		

LISTENING CHALLENGE

Listen to the audio. Write T if the statement is correct and F if it is incorrect.

1. Smith and Nakamura are talking in the break room.

① (　　) スミスさんは　つかれた　とき、ジムで　はしります。

② (　　) スミスさんは　つかれた　とき、ジムで　およぎます。

③ (　　) 中村(なかむら)さんは　つかれた　とき、おいしい　ものを　食(た)べに　行(い)きます。

④ (　　) 中村(なかむら)さんは　つかれた　とき、おいしい　ものを　作(つく)って、食(た)べます。

2. Sasaki and Kato are talking in the break room.

① (　　) 加藤(かとう)さんは　つかれた　とき、おふろに　入(はい)ります。

② (　　) 加藤(かとう)さんは　朝(あさ)　おふろに　入(はい)ります。

③ (　　) 佐々木(ささき)さんは　つかれた　とき、にぎやかな　音楽(おんがく)を　聞(き)きます。

④ (　　) 佐々木(ささき)さんは　つかれた　とき、しずかな　音楽(おんがく)を　聞(き)きます。

3. Emma and Suzuki are talking in the break room.

① (　　) 鈴木(すずき)さんは　つかれた　とき、カラオケで　おさけを　飲(の)みます。

② (　　) 鈴木(すずき)さんは　つかれた　とき、カラオケで　うたを　うたいます。

③ (　　) エマさんは　つかれた　とき、ねる　前(まえ)に　すきな　うたを　うたいます。

④ (　　) エマさんは　つかれた　とき、少(すこ)し　おさけを　飲(の)みます。

READING CHALLENGE

Read the passage, and write T if the statement below is correct and F if it is incorrect.

そうだん：

私は　2年前から　日本語を　べんきょうしています。毎日　日本語の　テキストを　読んだり、かんじを　おぼえたりしています。今　かんじが　1,000じぐらい　読めます。でも、話したり、聞いたりするのは　上手ではありません。会議の　ときは　日本人が　話している　ことが　わかりません。日本語が　もっと　上手に　なりたいです。私の　べんきょうの　どこが　よくないんでしょうか。教えてください。

日本語が　下手な　Mより

かいとう：

ことばは　毎日　べんきょうする　ことが　たいせつですから、Mさんの　べんきょうは　いいと　思います。でも、テキストや　かんじの　べんきょうだけでは、話したり、聞いたりするのは　上手に　なりません。日本人の　友だちを　作って、友だちと　たくさん　話してください。友だちと　話している間に、きっと　日本語が　上手に　なるでしょう。
がんばってください。

Kより

① (　　) Mさんは　日本語を　話すのが　上手です。

② (　　) Mさんは　毎日　かんじの　べんきょうを　しています。

③ (　　) Kさんは　日本人の　友だちと　話している　間に　日本語が　上手に　なると　言っています。

VOCABULARY

| テキスト　textbook | へた(な)　poor, unskilled | ～より　from . . . |

PRACTICE ① ～し、～し

Complete the sentences following the pattern of the example by choosing the appropriate phrase from the box and changing it to the appropriate form. The phrases can be used only once.

~~雨(あめ)です~~	ながめも　いいです
~~さむいです~~	マシンの　しゅるいも　多(おお)いです
あたまも　いたいです	いろも　きれいです
休(やす)みも　とれません	バルコニーも　ひろいです
デザインも　いいです	お金(かね)も　ありません
コーチも　ねっしんです	ねつも　あります

e.g. 今日(きょう)は　雨(あめ)だし、さむいし、どこにも　出(で)かけたくないです。

① この　コートは ＿＿＿＿＿＿＿＿ し、＿＿＿＿＿＿＿＿ し、買(か)おうと　思(おも)います。

② ＿＿＿＿＿＿＿＿ し、＿＿＿＿＿＿＿＿ し、旅行(りょこう)に　行(い)けません。

③ ＿＿＿＿＿＿＿＿ し、＿＿＿＿＿＿＿＿ し、いい　へやですね。

④ 今日(きょう)は ＿＿＿＿＿＿＿＿ し、＿＿＿＿＿＿＿＿ し、うちで　ゆっくり　休(やす)みます。

⑤ その　ジムは ＿＿＿＿＿＿＿＿ し、＿＿＿＿＿＿＿＿ し、おすすめですよ。

VOCABULARY

コーチ　coach

PRACTICE ② ～てきました

Complete the sentences following the pattern of the example.

e.g. さむく　なる

→ さむく　なってきたので、朝　ジョギングするのを　やめました。

① ふとる

→ さいきん ＿＿＿＿＿＿＿＿ので、ダイエットを　始めました。

② たいじゅうが　へる

→ ＿＿＿＿＿＿＿＿ので、しんぱいに　なって　びょういんに　行きましたが、どこも　悪い　ところは　ありませんでした。

③ しゅうにゅうが　ふえる

→ だんだん ＿＿＿＿＿＿＿＿ので、もっと　ひろい　マンションに　ひっこそうと　思っています。

④ 読める　かんじが　ふえる

→ ＿＿＿＿＿＿＿＿ので、日本語の　きじを　読んでみようと　思っています。

⑤ 目が　悪く　なる

→ ＿＿＿＿＿＿＿＿ので、めがねを　買おうと　思っています。

⑥ 人気が　出る

→ さいきん　ベトナム料理の ＿＿＿＿＿＿＿＿ので、ベトナム料理の　店を　始めようと　思っています。

VOCABULARY

ダイエット	diet	めが　わるい	have poor eyesight	ベトナムりょうり	Vietnam cuisine
しゅうにゅう	income	にんきが　でる	gain popularity	ベトナム	Vietnam

PRACTICE ③　～ていきます

Complete the sentences following the pattern of the example.

e.g. へる

→ 日本(にほん)の　人口(じんこう)は　へっていくでしょう。

① ふえる

→ ネットショッピングを　する　人(ひと)は　これからも　______でしょう。

② かわる

→ 仕事(しごと)の　やり方(かた)は　少(すこ)しずつ　______でしょう。

③ むずかしく　なる

→ 今(いま)の　せいかつを　つづけるのは　______かもしれません。

④ 上(あ)がる

→ ちきゅうの　へいきんきおんは　ますます　______かもしれません。

⑤ 作(つく)る

→ ABC フーズは　これからも　おいしくて　からだに　いい　ものを　______たいと　考(かんが)えています。

⑥ 開発(かいはつ)する

→ 人(ひと)の　やくに立(た)つ　ぎじゅつを　______たいと　思(おも)っています。

VOCABULARY

じんこう	population
ネットショッピング	online shopping
やりかた	how to do something
やくにたつ	helpful

PRACTICE ④ ～が　ほしいです

Make up sentences following the pattern of the example and based on the information provided.

e.g.	お金(かね)	時間(じかん)
①	かれし	何(なん)でも　話(はな)せる　友(とも)だち
②	大(おお)きい　家(いえ)	小(ちい)さくて　かいてきな　家(いえ)
③	ゆうめいな　ブランドの　バッグ	やすくて　じょうぶな　かばん

e.g. お金(かね)が　ほしいと　言(い)っている　人(ひと)が　いますが、私(わたし)は　お金(かね)は　ほしくないです。

私(わたし)が　ほしいのは　時間(じかん)です。

① ....

....

② ....

....

③ ....

....

LISTENING CHALLENGE

069

Listen to the audio. Write T if the statement is correct and F if it is incorrect.
Emma and Kato are talking.

① (　　) 加藤(かとう)さんは　毎日(まいにち)　朝(あさ)ごはんを　食(た)べています。

② (　　) 加藤(かとう)さんは　毎朝(まいあさ)　ごはんを　たいています。

③ (　　) 加藤(かとう)さんは　前(まえ)より　今(いま)の　方(ほう)が　いそがしいです。

④ (　　) 加藤(かとう)さんの　子(こ)どもは　パンより　ごはんの　方(ほう)が　すきです。

VOCABULARY

かれし	boyfriend
かいてき(な)	comfortable

READING CHALLENGE

Read the passage, and write T if the statement below is correct and F if it is incorrect.

日本人の　しょくせいかつの　へんか

日本人の　1年間の　こめの　しょうひりょうは　だんだん　へってきている。2020年の　しょうひりょうは　1960年の　半分以下に　なった。はんたいに　ぎゅうにゅうや　肉の　しょうひりょうは　ふえてきた。1960年とくらべると、2020年の　ぎゅうにゅう・にゅうせいひんの　しょうひりょうは　やく3ばい、肉の　しょうひりょうは　10ばい以上に　なっている。

毎朝　ごはんを　たいて　みそしるを　作る　家庭は　少なく　なってきた。さいきんは　朝食を　とらない　人も　ふえてきた。日本人の　しょくせいかつは　これから　どう　なっていくのだろうか。

① (　　) 日本人が　食べた　こめの　りょうは　1960年より　2020年の　方が　多かった。

② (　　) 日本人が　食べた　肉の　りょうは　1960年より　2020年の　方が　多かった。

③ (　　) 日本人が　飲んだり　食べたり　した　ぎゅうにゅう・にゅうせいひんの　りょうは　1960年より　2020年の　方が　多かった。

④ (　　) 日本人は　みんな　毎朝　みそしるを　飲んでいる。

⑤ (　　) 朝ごはんを　食べない　人は　少なく　なってきた。

VOCABULARY

しょくせいかつ　dietary habit
へんか　change
こめ　rice
～いか　less than . . .
しょうひりょう　consumption, amount consumed
はんたいに　on the other hand, to the contrary
くらべる (R2)　compare
にゅうせいひん　dairy product
ちょうしょくを　とる　eat breakfast
どう　なっていくのだろうか。　I wonder how it will become.

FURTHER PRACTICE 8

READING & WRITING

Read Naomi's blog and leave a comment.

ナオミの　ブログ

3月(がつ)3日(か)
新聞社(しんぶんしゃ)の　入社(にゅうしゃ)しけん

きのう　カナダ新聞社(しんぶんしゃ)の　東京(とうきょう)しきょくで　入社(にゅうしゃ)しけんを　うけました。カナダ新聞社(しんぶんしゃ)は　カナダで　いちばん　大(おお)きくて　ゆうめいな　新聞社(しんぶんしゃ)です。きしゃを　ぼしゅうしていたので、おうぼしてみました。

入社(にゅうしゃ)しけんは　ひっきしけんと　めんせつでした。日本語(にほんご)が　できる　きしゃを　ぼしゅうしていたので、日本語(にほんご)の　しけんも　ありました。ひっきしけんでは　長(なが)い　きじを　読(よ)んで、しつもんに　こたえました。めんせつの　前(まえ)は　ドキドキしましたが、めんせつかんが　やさしそうな　人(ひと)だったので、少(すこ)しだけ　リラックスできました。新聞(しんぶん)きしゃに　なりたい　りゆうを　くわしく　せつめいしました。日本中(にほんじゅう)を　旅行(りょこう)した　ことも　話(はな)しました。めんせつかんは　旅行(りょこう)の　話(はなし)が　おもしろいと　言(い)っていたので、ごうかくできるかもしれません。

3月(がつ)10日(か)
うれしい　知(し)らせ

きのう　カナダ新聞社(しんぶんしゃ)から　うれしい　知(し)らせが　とどきました。ごうかくつうちが　来(き)たんです。すぐ　カナダの　りょうしんに　電話(でんわ)で　知(し)らせました。私(わたし)は　子(こ)どもの　ころから　新聞(しんぶん)きしゃに　なりたいと　思(おも)ってきたので、きのうの　晩(ばん)は　うれしくて、ねむれませんでした。

VOCABULARY

しんぶんしゃ	newspaper company	しきょく	branch	めんせつかん	interviewer
にゅうしゃしけん	entrance exam for a company	ぼしゅうする	look for, recruit	りゆう	reason
カナダしんぶんしゃ	Canada Newspaper (fictitious newspaper company name)	おうぼする	apply	にほんじゅう	all over Japan
		ひっきしけん	written test	ごうかくつうち	acceptance letter
		しつもん	question	つうち	letter, notice

3月11日
カナダに　帰ります

今朝　カナダ新聞社から　入社てつづきの　しょるいが　とどきました。入社する　日は　3月26日です。入社したら　トロントの　本社で　3か月　けんしゅうが　あります。なるべく　早く　カナダに　帰らなければ　なりませんが、まだ　何も　じゅんびを　していません。マンションを　出る　じゅんびを　しなければ　ならないし、おみやげも　買わなければ　なりません。いそがしく　なりそうです。

けんしゅうが　終わったら、きしゃの　仕事が　始まります。いろいろなところに　しゅざいに　行って、くわしく　しらべて、いい　きじを　書いていきたいと　思っています。

コメント1

ナオミさん、ごうかく　おめでとうございます。ごうかくしたと　聞いて、私も　とても　うれしいです。いそがしく　なると、ブログを　書く　時間も　なくなるかもしれませんね。ブログが　読めないのは　ざんねんですが、今度は　ナオミさんの　きじを　読むのを　楽しみに　しています。

コメント2

VOCABULARY

てつづき	procedure
トロント	Toronto
なるべく	as . . . as possible
でる（R2）	leave, move out of (an apartment, house), vacate
しゅざい	cover, report

HIRAGANA

あ a	い i	う u	え e	お o
か ka	き ki	く ku	け ke	こ ko
さ sa	し shi	す su	せ se	そ so
た ta	ち chi	つ tsu	て te	と to
な na	に ni	ぬ nu	ね ne	の no
は ha	ひ hi	ふ fu	へ he	ほ ho
ま ma	み mi	む mu	め me	も mo
や ya		ゆ yu		よ yo
ら ra	り ri	る ru	れ re	ろ ro
わ wa				を o
ん n				

きゃ kya	きゅ kyu	きょ kyo
しゃ sha	しゅ shu	しょ sho
ちゃ cha	ちゅ chu	ちょ cho
にゃ nya	にゅ nyu	にょ nyo
ひゃ hya	ひゅ hyu	ひょ hyo
みゃ mya	みゅ myu	みょ myo

りゃ rya	りゅ ryu	りょ ryo

が ga	ぎ gi	ぐ gu	げ ge	ご go
ざ za	じ ji	ず zu	ぜ ze	ぞ zo
だ da	ぢ ji	づ zu	で de	ど do
ば ba	び bi	ぶ bu	べ be	ぼ bo
ぱ pa	ぴ pi	ぷ pu	ぺ pe	ぽ po

ぎゃ gya	ぎゅ gyu	ぎょ gyo
じゃ ja	じゅ ju	じょ jo

びゃ bya	びゅ byu	びょ byo
ぴゃ pya	ぴゅ pyu	ぴょ pyo

*The typeface shown here is used in some parts of this book.

KATAKANA

ア	a	イ	i	ウ	u	エ	e	オ	o
カ	ka	キ	ki	ク	ku	ケ	ke	コ	ko
サ	sa	シ	shi	ス	su	セ	se	ソ	so
タ	ta	チ	chi	ツ	tsu	テ	te	ト	to
ナ	na	ニ	ni	ヌ	nu	ネ	ne	ノ	no
ハ	ha	ヒ	hi	フ	fu	ヘ	he	ホ	ho
マ	ma	ミ	mi	ム	mu	メ	me	モ	mo
ヤ	ya			ユ	yu			ヨ	yo
ラ	ra	リ	ri	ル	ru	レ	re	ロ	ro
ワ	wa							ヲ	o
ン	n								

キャ	kya	キュ	kyu	キョ	kyo
シャ	sha	シュ	shu	ショ	sho
チャ	cha	チュ	chu	チョ	cho
ニャ	nya	ニュ	nyu	ニョ	nyo
ヒャ	hya	ヒュ	hyu	ヒョ	hyo
ミャ	mya	ミュ	myu	ミョ	myo

リャ	rya	リュ	ryu	リョ	ryo

ガ	ga	ギ	gi	グ	gu	ゲ	ge	ゴ	go
ザ	za	ジ	ji	ズ	zu	ゼ	ze	ゾ	zo
ダ	da	ヂ	ji	ヅ	zu	デ	de	ド	do
バ	ba	ビ	bi	ブ	bu	ベ	be	ボ	bo
パ	pa	ピ	pi	プ	pu	ペ	pe	ポ	po

ギャ	gya	ギュ	gyu	ギョ	gyo
ジャ	ja	ジュ	ju	ジョ	jo

ビャ	bya	ビュ	byu	ビョ	byo
ピャ	pya	ピュ	pyu	ピョ	pyo